#DeutschDaZ

Sprache für die Ausbildungs- und Berufsvorbereitung

von
Michelle Jouy
Arwen Schnack

unter Mitarbeit von
Dr. Sabine Großkopf

Handwerk und Technik • Hamburg

ISBN 978-3-582-20214-7
Best.-Nr. 20214
Arbeitsheft – 1. Auflage

ISBN 978-3-582-20001-3
Best.-Nr. 20215
eLöser – I/1. Auflage

Das Werk und seine Teile sind urheberrechtlich geschützt. Jede Nutzung in anderen als den gesetzlich oder durch bundesweite Vereinbarungen zugelassenen Fällen bedarf der vorherigen schriftlichen Einwilligung des Verlages.
Die Verweise auf Internetadressen und -dateien beziehen sich auf deren Zustand und Inhalt zum Zeitpunkt der Drucklegung des Werks. Der Verlag übernimmt keinerlei Gewähr und Haftung für deren Aktualität oder Inhalt noch für den Inhalt von mit ihnen verlinkten weiteren Internetseiten.

Verlag Handwerk und Technik GmbH,
Lademannbogen 135, 22339 Hamburg; Postfach 63 05 00, 22331 Hamburg – 2021
E-Mail: info@handwerk-technik.de – Internet: www.handwerk-technik.de

Satz und Layout: CMS – Cross Media Solutions GmbH, 97082 Würzburg
Illustrationen: Bernhard Speh, Hamburg
Umschlagmotiv: iStockphoto, Berlin (v. l. n. r): Bild 6 (Steve Debenport); Shutterstock Images LLC, New York, USA (v.l.n.r): Hauptbild (oneinchpunch); Bild 2 (MilanMarkovic78); Bild 3 (Africa Studio); Bild 4 (nakamasa); Bild 7 (Dmitry Kalinovsky); stock.adobe.com (v. l. n. r): Bild 5 (motorradcbr)
Druck: Firmengruppe Appl aprinta druck GmbH, 86650 Wemding

Zu diesem Buch

#DeutschDaZ ist ein Deutschbuch für die Berufsvorbereitung. Es hilft auch allen, für die Deutsch nicht die Muttersprache ist.

Die Texte sind leicht verständlich. Schwierige Wörter werden erklärt. Sind Wörter *kursiv geschrieben*, lesen Sie am Buchende im Glossar, was sie bedeuten.

Alle acht Kapitel in diesem Buch behandeln unterschiedliche Themen und bestimmte Regeln der Grammatik. Die Aufteilung finden Sie im Inhaltsverzeichnis.
Die erste Seite in jedem Kapitel zeigt, worum es geht. Dann folgen Texte, Beispiele und Aufgaben. Die letzte Seite fasst zusammen, was Sie in dem Kapitel gelernt haben.
Die Kapitel müssen nicht in dieser Reihenfolge gelesen und bearbeitet werden.

An den Symbolen neben einer Aufgabe erkennen Sie, was es zu tun gibt:

 lesen, recherchieren, etwas untersuchen,

 schreiben.

Die Aufgaben werden mit sogenannten Operatoren eingeleitet. Das sind Wörter, die angeben, wie man eine Aufgabe lösen soll. Die wichtigsten Operatoren in diesem Buch finden Sie am Buchende.

In diesem Buch sind übrigens immer alle Geschlechter gemeint: Das gilt, wenn männliche und weibliche Formen oder umfassende Formen wie „Auszubildende" genannt werden. Das gilt auch, wenn manchmal wegen der besseren Lesbarkeit nur eine weibliche oder nur eine männliche Form verwendet wird.

Und jetzt viel Spaß und Erfolg beim Lesen, Lernen und Lösen der Aufgaben.

Bildquellenverzeichnis:

dpa-Picture-Alliance GmbH, Frankfurt a.M.: S. 33 (PantherMedia); 77 (Monkey Business 2/Shotshop/picture alliance); 94/1 (Felix Hörhager), 2

iStockphoto, Berlin: S. 8/2 (Yobro10); 53 (Nikada); 162/4 (mustafagull); 173/9 (pixelfit); 191/8 (sturti)

Shutterstock Images LLC, New York, USA: S. 1 (fizkes); 2/1 (Antonio Guillem), 2 (Rido), 3 (Antonio Guillem), 4 (Tom Wang), 5 (fizkes), 6 (Iakov Filimonov); 5 (anna.danilkova); 7(Bohdan Populov); 8/1 (F. JIMENEZ MECA); 10/1 (977_ReX_977), 2 (IZO), 3 (MikeDotta); 14/1 (Iakov Filimonov), 2 (LightField Studios), 3 (Monkey Business Images), 4 (Monkey Business Images); 15 (bsd); 16/2 (Pressmaster), 3 (Max kegfire), 4 (Mr.paripat niyantang); 17 (Iurii Stepanov); 18/6a (Red-Koala), b (canbedone), c (Sanit Fuangnakhon); 19 (robert_s); 20 (miniwide); 22/1 (lettett), 2 (Mark Rademaker); 23 (Constantin Stanciu); 24 (AlexLMX); 27 (Flametric); 29 (HADI_TRESNANTAN); 31 (Jane0606); 32 (Blan-k); 43 (Song_about_summer); 44 (Rob Hyrons); 46 (Sukhonosova Anastasia); 47 (ImLucky); 48 (Andrew Rybalko); 52 (Tupungato); 54 (crwpitman); 64 (areporterr); 66 (Irina_QQQ); 76 (Syda Productions); 78 (Stock-Asso); 81 (ZoneCreative); 90/1 (Krakenimages.com), 2 (fizkes), 3 (Koldunova Anna), 4 (Jacob Lund), 5 (Dean Drobot); 91 (GagliardiPhotography); 93 (George Rudy); 96/1 (Vladimir Sazonov), 3 (Rawpixel.com); 98/1 (klyaksun), 2 (skyNext), 3 (anna.spoka), 4 (vipman), 5 (Allies Interactive), 6 (neinchpunch), 7 (Morrowind), 8 (Rostislav Glinsky), 9 (katatonia82); 99 (Africa Studio); 100 (Jose Gil); 106 (Monkey Business Images); 107 (JCM Photos); 108/1 (Luis Molinero), 2 (Dean Drobot); 109 (asiandelight); 110/1 (New Africa), 2 (ct_photo); 116 (Anton_Ivanov); 117 (Carlos Die Banyuls); 118 (Monkey Business Images); 123 (New Africa); 125 (industryviews); 127 (BongkarnGraphic); 129 (Monkey Business Images); 132 (springsky); 133 (one photo); 138 (Andrey_Popov); 139 (doomu); 144 (Serg Po); 146 (Friends Stock); 150 (Dimitry Kalinovsky); 151 (Dahin); 152/1 (AngeliqueD), 3 (Maridav), 4 (Bairachnyi Dmitry); 153 (hxdbzxy); 154 (Bohdan Populov); 156/1 (Lukasz Stefanski); 162/1 (Angeliki Vel), 2 (himawari_dew), 3 (Kzenon), 5 (Rido), 7 (Alexander Limbach); 163/1 (Bychykhin Olexandr), 2 (Angeliki Vel); 167 (Phovoir); 168/1 (Guy Shapira), 2 (Paul Vasarhelyi), 3 (New Africa); 173/1 (antoniodiaz), 3 (Minerva Studio), 4 (Billion Photos), 5 (Dmitry Kalinovsky), 6 (Norenko Andrey), 7 (SofikoS), 8 (Monkey Business Images); 174 (Serhii Krot); 176 (Pixel-Shot); 182 (Oliver Hoffmann); 183 (Iena Ozerova); 186 (NataliAlba); 189/1 (New Africa), 2 (baranq); 191/2 (Franck Boston), 3 (IStock Studio), 4 (SLP_London), 5 (Ebtikar), 6 (pikselstock), 7 (Mix and Match Studio), 9 (Luis Molinero) 12(Rommel Canlas); 193 (fizkes); 194 (FGC); 195 (EZ-Stock Studio); 196 (momo sama); 201 (Alexander Gold); 205 (fizkes); 208 (StockLite)

stock.adobe.com: S. 16/1 (fotoscool); 21 (AK-DigiArt); 28 (Innovated Captures); 51 (kartoxjm); 96/2 (PixelPower); 152/2 (ninell); 156/2 (Findus2000), 3 (Wenhao Zhu); 162/6 (pigame); 171 (Trueffelpix); 173/2 (motorradcbr); 191/1 (Cookie Studio)

Verlag Handwerk und Technik GmbH, Hamburg: S. 191/10, 11

Quellenverzeichnis:

Seite 29 (Grafik: Die meist gesprochenen Sprachen der Welt): basierend auf Ethnologue, 2021, www.ethnologue.com; Seite 37 (Text: War früher alles besser?): YouGov Deutschland GmbH (2015). Haben die Deutschen ihre Manieren verloren? Abrufbar unter www.yougov.de/news/2015/04/20/generationen-sind-sich-einig-sachen-hoflichkeit/ (Abruf 17.02.2021); Seite 100 (Text: Der Papst im Wahlkampf in den USA; Bundeskanzlerin wünscht sich 12 Millionen Einwanderer): Die erfolgreichsten Fake News: Wir zeigen Ihnen was hinter den bekanntesten Falschnachrichten steckt, Südkurier 26. April 2018. Abrufbar unter https://www.suedkurier.de/ueberregional/politik/DieerfolgreichstenFakeNewsWirzeigenIhnenwashinterdenbekanntestenFalschnachrichtensteckt;art410924,9713663 (Abruf 19.02.2021); Seite 144 (Musterrechnung): Musterrechnung LSW. Abrufbar unter https://www.lsw.de/service/musterrechnung/ (Abruf 19.02.2021); Seite 146 (Auszug Bericht zum Arbeitsschutz): Betriebsanweisungen – Musterbetriebsanweisungen, Niedersächsisches Kultusministerium. Abrufbar unter www.arbeitsschutz-schulen-nds.de/verantwortung-organisation/betriebsanweisungen/musterbetriebsanweisungen-a-z/ (Abruf 16.03.2021); Seite 156 (Lerntypen): nach Gabriel Gelman (o. J.). Welche Lerntypen gibt es? Abrufbar unter https://www.sprachheld.de/vokabeln-lernen-lerntypen/ (Abruf 19.02.2021); Seite 160 (Zahlenwerte für die Diagramme): www.statista.de; Seite 198 (Bei den weißen Stiefmütterchen): Sarah Kirsch: Sämtliche Gedichte, München: DVA, 2013, Seite 16; Seite 200 (Mein Vater): Charles Bukowski: Western Avenue. Gedichte 1955–1977. München: dtv, 2004, Seite 32; Seite 202 (Glücksverkatert): Julia Engelmann: Keine Ahnung, ob das richtig ist. München: Goldmann, 2019, Seite 18 ff.; Seite 204 (Gibs auf): Franz Kafka. Erzählungen aus dem Nachlass (1904–1924). Abrufbar unter www.textlog.de/32105.html (Abruf 15.02.2021); Seite 206 (Der Feierabend): Loriot = Victor von Bülow. Abrufbar unter www.ecoglobe.ch/language/d/feierabe.htm (Abruf 15.02.2021); Seite 208 (Die Mühle im Köselbruch): Otfried Preußler. Krabat. Stuttgart: Thienemann, 2016, Seite 11 ff.; Seite 212 (Die Geschichte von der Großmutter): Rudolf Messner: Das Mädchen und der Wolf – über die zivilisatorische Metamorphose des Grimmschen Märchens vom Rotkäppchen. Abrufbar unter: https://kobra.uni-kassel.de/bitstream/handle/123456789/2007052218270/MessnerMaedchen.pdf;jsessionid=960BDD353D30674F196AD1B2B34F4762?sequence=1#page=7 (Abruf: 21.07.2021).

Inhaltsverzeichnis

1 Erzählen Sie doch mal! 1

    Die Vorstellung 2
    Gemeinsamkeiten finden 4
    Dativ und Akkusativ 6
    Erzählen und zuhören 8
    Lieblingsorte 10
    Sich kennenlernen 12
    Rückblick: Erzählen Sie doch mal 14

2 Wie wirkt meine Sprache? 15

    Gestik, Mimik und Inhalt 16
    So drücke ich mich aus 18
    Wie kann Kommunikation besser funktionieren? 20
    Die Vielfalt von Sprachen 24
    Sie und Du 26
    Small Talk 28
    Gespräche am Arbeitsplatz 30
    Wie höflich: „Vielen Dank!" 32
    Wie drücke ich mich höflich aus? Der Konjunktiv II 36
    Verwendung des Konjunktiv II 38
    Wie höflich: „Sehr gerne!" 40
    Den richtigen Abstand finden 42
    Wie gehe ich mit Konflikten um? 44
    Gesprächsregeln 46
    Mit Argumenten überzeugen 48
    Gut sprechen 50
    Rückblick: Wie wirkt meine Sprache? 52

3 Lesen, Schreiben, Präsentieren 53

    Wörter nachschlagen: Nomen 54
    Wörter nachschlagen: Verben 56
    Schlagzeilen verstehen: Nominalstil 58
    Schlagzeilen: Personen und Handlungen 60
    Lesetechniken: Überfliegen und Information suchen 62
    Texte richtig verstehen: Die 2-Schritt-Lesemethode 64
    Texte besser verstehen mit W-Fragen 66
    Mindmapping 68
    Berichte schreiben: Chronologie 70
    Texte ordnen und vervollständigen 72
    Texte schreiben und überarbeiten 74
    Präsentieren: Was, wie und warum? 76
    Informationen suchen 78
    Übung: Lesen und Informationen finden 80
    Lesen und Informationen finden für die eigene Präsentation 82
    Die Gliederung 84
    Stichwortzettel und Handout 86
    Präsentation zu einem Film erstellen 88
    Rückblick: Lesen, Schreiben, Präsentieren 90

4 Was steckt hinter den Texten? 91

    Textsorten erkennen 92
    Was ist Wirklichkeit? 94
    Glauben oder nicht glauben 96
    Werbung 98
    Fakt oder Meinung? 100
    Spam-Mails erkennen 102
    Diskriminierung erkennen 104
    Kommentare im Internet 106
    Sachliche Sprache oder Hatespeech 108
    Soziale Netzwerke – soziale Kontrolle? 110
    Soziale Netzwerke – Datenschutz 112

Eine eigene Meinung bilden 114
Rückblick: Was steckt hinter den Texten? 116

5 Mein Arbeitsalltag: Kommunikation in der Ausbildung 117

Kommunikationspartner in der Ausbildung 118
Telefonieren 120
Die Telefonnotiz 122
Kundengespräche 124
Das Mitarbeitergespräch 126
Der Ausbildungsvertrag 128
Briefe beschriften und frankieren 130
E-Mails schreiben im Betrieb 132
Geschäftliche E-Mails 134
Geschäftliche Briefe 136
Anlässe für geschäftliche Briefe oder E-Mails 138
Rechnungen 140
Bericht zum Arbeitsschutz 142
Die Vorgangsbeschreibung 144
Berichtsheft 146
Protokoll 148
Rückblick: Mein Arbeitsalltag: Kommunikation in der Ausbildung 150

6 Schlüsselfertigkeiten 151

Lerntypen 152
Fragearten 154
Tabellen 156
Diagramme 158
Diagramme und Tabellen erklären 160
Flyer 162
Flyer gestalten 164
Rückblick: Schlüsselfertigkeiten 166

7 Meine berufliche Zukunft 167

Arbeit oder Ausbildung 168
Berufsausbildung in Deutschland 170
Welcher Beruf passt zu mir? 172
Ein Berufsprofil lesen 174
Berufe vorstellen 176
Stellenanzeigen lesen: Übersicht 178
Stellenanzeigen: Details 180
Die Bewerbung 182
Das Anschreiben 184
Der Lebenslauf 186
Das Bewerbungsgespräch: Vorbereitung 188
Das Bewerbungsgespräch: Inhalt und Form 190
Das Bewerbungsgespräch: Rollenspiel 192
Rückblick: Meine berufliche Zukunft 194

8 Gedichte und Geschichten 195

Gedichte I 196
Gedichte II 198
Gedichte III 200
Geschichten I 202
Geschichten II 204
Geschichten III 206
Geschichten IV 208
Rückblick: Gedichte und Geschichten 210

Anhang 211
Operatoren 211
Glossar 214
Sachwortverzeichnis 216

1 Erzählen Sie doch mal!

Worum es in diesem Kapitel geht:

sich untereinander vorstellen

etwas erzählen und anderen zuhören

sich gegenseitig kennenlernen

Gemeinsamkeiten finden

von sich erzählen

Die Vorstellung

1 Betrachten Sie die Bilder und ordnen Sie die Begrüßungsarten zu.

sich auf die Wange küssen ■ sich zuwinken ■ sich verbeugen ■ sich während der Pandemie begrüßen ■ sich die Hand geben ■ sich umarmen

1.

2.

3.

_____

_____

_____

4.

5.

6.

_____

_____

_____

2 Notieren Sie, wie Sie folgende Personen begrüßen. Vergleichen Sie Ihre Ergebnisse dann in der Klasse.

1. Gute Freunde: _____

2. Gleichaltrige Bekannte: _____

3. Ältere Bekannte: _____

4. Unbekannte: _____

> Wenn Sie sich zum ersten Mal mit einer unbekannten Person unterhalten, stellen Sie sich normalerweise mit Namen vor. Dabei wirken Sie freundlich und interessiert, wenn Sie
> ■ lächeln,
> ■ Blickkontakt halten,
> ■ den Namen der anderen Person wiederholen. So können Sie sich den Namen besser merken und die andere Person fühlt sich gesehen. Denken Sie daran, wenn Sie Aufgabe 3 bearbeiten.

3 Bewegen Sie sich im Raum und gehen Sie auf Ihre Mitschülerinnen und Mitschüler zu. Stellen Sie sich einer Person vor.
Stellen Sie dann eine der Fragen als „du"-Frage, z. B.: „Hast du ein Haustier?" Wenn die Antwort „ja" ist, notieren Sie den Namen der Person in dem Feld. Wenn die Antwort „nein" ist, fragen Sie jemand anderen. Wenn Sie vier Namen in einer waagrechten (↔), senkrechten (↕) oder diagonalen (↗) Reihe haben, rufen Sie „Bingo". Wer zuerst „Bingo" ruft, hat gewonnen.

Wer hat ein Haustier?	Wer hat Geschwister?	Wer macht Sport?	Wer ist jünger als 16?
Wer spielt Gitarre?	Wer isst kein Fleisch?	Wer mag kein Eis?	Wer kann Auto fahren?
Wer kann schwimmen?	Wer spricht eine andere Sprache?	Wer hat Höhenangst?	Wer hat ein Tattoo?
Wer hat grüne Augen?	Wer geht gerne tanzen?	Wer guckt gerne Fußball?	Wer war schon mal im Ausland?

4 a Bewerten Sie den folgenden Satz. Notieren Sie Ihre Meinung.

> Wenn sich in einer Klasse alle einander vorstellen, fühlt man sich wohler als unter Fremden.

b Lesen Sie Ihre Meinung vor. Diskutieren Sie dann in der Klasse.

Gemeinsamkeiten finden

1 Bewegen Sie sich in der Klasse. Sprechen Sie mit fünf Mitschülerinnen und Mitschülern. Finden Sie mit jeder Person eine Gemeinsamkeit. Die Themen im Kasten helfen Ihnen. Notieren Sie jede Gemeinsamkeit in einem ganzen Satz.

Alter ■ Hobbys ■ Musik ■ Sport ■ Geschwister ■ Lieblingsfach ■ Lieblingsessen ■ Lieblingsfilm

Beispiele: Stefan und ich mögen beide gern Erdbeereis.
Ayse und ich haben beide zwei Schwestern.

1. _____
2. _____
3. _____
4. _____
5. _____

2 Bilden Sie Gruppen zu viert. Lesen Sie in der Gruppe die Sätze und ergänzen Sie sie. Notieren Sie eine Ergänzung, die für alle vier Gruppenmitglieder gilt.

1. Wir mögen alle gern die Farbe ...

2. Wir haben alle Angst vor ...

3. Wir haben alle noch nie ... gegessen.

4. Am Nachmittag ... wir alle gern ...

5. Wir können alle sehr gut ...

6. Wir müssen zu Hause alle ...

7. Wir haben alle den Film ... gesehen.

> Wenn man neue Leute kennenlernt, versucht man oft, Gemeinsamkeiten mit seinen Gesprächspartnern zu finden.

3 Arbeiten Sie zu zweit. Notieren Sie zwei Gründe, warum man versucht, beim Kennenlernen Gemeinsamkeiten zu finden. Vergleichen Sie dann in der Klasse.

1. _____

_____

2. _____

_____

> Alle Menschen auf der Welt haben Gemeinsamkeiten. Sie können z. B. lächeln, haben eine Sprache und kennen Musik.

4 Notieren Sie eine weitere Gemeinsamkeit, von der Sie glauben, dass sie alle Menschen auf der Welt haben. Vergleichen Sie dann in der Klasse.

Alle Menschen ... _____

5 Denken Sie sich eine Gemeinsamkeit aus, die die Personen auf dem Foto haben könnten. Notieren Sie sie in einem ganzen Satz. Vergleichen Sie dann in der Klasse.

Dativ und Akkusativ

 1 Ordnen Sie die Wörter aus dem Kasten den Satzanfängen zu.

> dir ▪ dich ▪ die Frau ▪ der Frau ▪ meinen Freund ▪ meinem Freund ▪ das Kind ▪ dem Kind
> ▪ meinen Mitschülerinnen und Mitschülern ▪ meine Mitschülerinnen und Mitschüler

> Wenn wir Deutsch sprechen oder schreiben, benutzen wir den Akkusativ und den Dativ. Das Wort „du" kann zum Beispiel auch in den Formen „dich" oder „dir" stehen. Das heißt, es steht im Akkusativ (vierter Fall) oder Dativ (dritter Fall).

Ich mag ...	Ich helfe ...

> ▪ Nach „Ich mag ..." kommt ein Satzteil (Objekt) im Akkusativ. Die Frage dazu ist „Wen?" oder „Was?"
> ▪ Nach „Ich helfe ..." kommt ein Satzteil im Dativ. Die Frage dazu ist „Wem?".

 2 Ergänzen Sie oben in der Tabelle die Überschriften „Dativ" und „Akkusativ". Notieren Sie auch die passenden Fragen „Wen?", „Wem?" und „Was?".

Wenn Sie wissen möchten, ob Sie Akkusativ oder Dativ brauchen, können Sie den Fragetest machen.

Fragetest:
- Wenn die Frage „Wen?" oder „Was?" zu Ihrem Satz passt, steht das Satzteil (Objekt) im Akkusativ.

Beispiel: Wen magst du? – Ich mag dich. „Dich" steht im Akkusativ.

- Wenn die Frage „Wem?" zu Ihrem Satz passt, steht die Satzergänzung im Dativ.

Beispiel: Wem gefällt das Auto? – Es gefällt dir. „Dir" steht im Dativ.

Akkusativ	Dativ
die Lehrerin, den Schüler, das Kind, die Freunde	der Lehrerin, dem Schüler, dem Kind, den Freunden
eine Lehrerin, einen Schüler, ein Kind, meine Freunde	einer Lehrerin, einem Schüler, einem Kind, meinen Freunden
mich, dich, sie, ihn, es, uns, euch, sie	mir, dir, ihm, ihr, ihm, uns, euch, ihnen
kalten Wind, kaltes Wasser, kalte Luft, kalte Hände	kaltem Wind, kaltem Wasser, kalter Luft, kalten Händen

Wenn Sie mit den beiden Tests nicht herausfinden können, was Sie brauchen, schauen Sie das Verb (Tätigkeitswort) im Wörterbuch nach.

 3 Markieren Sie alle Satzteile im Akkusativ grün und alle Satzteile im Dativ rot.

Maria hat ihrem Freund einen Brief geschrieben. Sie möchte mit ihm sprechen. Es gefällt ihr nicht, dass er ihre Nachrichten nie beantwortet. Dabei hat er ein Handy. Und er hat nie ein Problem mit seinem Guthaben.

Erzählen und zuhören

Um sich kennenzulernen, muss man miteinander sprechen. Dabei ist es wichtig, dass beide oder alle Gesprächspartner
- etwas erzählen,
- Fragen stellen,
- sich gegenseitig zuhören.

 1 Vergleichen Sie die beiden Fotos. Bewerten Sie, welche Person besser zuhört. Schreiben Sie und vergleichen Sie dann in der Klasse.

_____

_____

_____

_____

 2 Suchen Sie sechs Wörter in der Wortschlange. Ordnen Sie die Wörter in der Tabelle zu. Ergänzen Sie einen weiteren Begriff für gutes Zuhören und einen für schlechtes Zuhören.

KSDFHNICKENSDFGGÄHNENGODFGNACHFRAGENUDFGBLICKKONTAKTSDGIUUNTERBRECHENIUZDFGWEGSEHEN

Gutes Zuhören	Schlechtes Zuhören
1.	1.
2.	2.
3.	3.
4.	4.

3 Lesen Sie die folgenden Interviewfragen. Überlegen Sie noch zwei weitere Fragen und ergänzen Sie sie.

1. Auf welche Schule bist du gegangen?
   _____

2. Was ist dein Lieblingsfach?
   _____

3. Welches Fach magst du am wenigsten?
   _____

4. Was kannst du gut?
   - ○ mich konzentrieren
   - ○ malen oder zeichnen
   - ○ mir etwas merken
   - ○ klar sagen, was ich meine
   - ○ Geschichten schreiben
   - ○ logisch denken
   - ○ Sport

5. Weitere Frage: _____ ?
   _____

6. Weitere Frage: _____ ?
   _____

4 Bilden Sie dann Paare. Machen Sie das Interview mit Ihrem Partner oder Ihrer Partnerin. Notieren Sie Stichworte zu den Fragen.

5 Fassen Sie zusammen, was Sie über Ihren Partner erfahren haben. Schreiben Sie in ganzen Sätzen.

_____

_____

_____

_____

6 Tauschen Sie die Texte. Lesen und überprüfen Sie, ob alles stimmt, was Ihr Partner über Sie geschrieben hat.

Lieblingsorte

In einem Kennenlerngespräch können die Gesprächspartner gut über Orte sprechen, an die sie gerne gehen. Man kann erzählen, was einem an dem Ort gefällt und was man dort schon erlebt hat. Wenn der andere den Ort nicht kennt, kann man erklären, wie man dort hinkommt.

 1 Nennen Sie drei Orte, an die Sie gerne gehen, z. B. ins Schwimmbad, in die Stadt, in den Park. Schreiben Sie ganze Sätze.

1. _____

2. _____

3. _____

Für Gespräche über Orte verwendet man Präpositionen (Verhältniswörter) wie „in", „an", „auf" und so weiter. Hier sind wieder Akkusativ und Dativ wichtig.

Die Wörter „in", „an", „auf", „unter", „über", „neben", „zwischen", „hinter" und „vor" können mit Dativ oder mit Akkusativ stehen. Deshalb heißen sie Wechselpräpositionen. Es kommt darauf an, welche Frage der Satz beantwortet:

„Wo?" → Dativ

„Wohin?" → Akkusativ

Manchmal werden zwei Wörter zu einer Kurzform zusammengezogen, zum Beispiel: in + dem = im.

2 Lesen Sie die Erklärung oben und ergänzen Sie die Kurzformen. Notieren Sie auch, ob die Form im Akkusativ oder im Dativ steht.

> **Beispiele:**
> Wohin gehst du? – Ich gehe ins Schwimmbad. Ich gehe in die Schule. (Akkusativ)
> Wo bist du? – Ich bin im Schwimmbad. Ich bin in der Schule. (Dativ)

in + dem = im (Dativ)

in + das = _____

an + das = _____

an + dem = _____

auf + das = _____

hinter + dem = _____

hinter + das = _____

 3 Ordnen Sie die Wörter unten richtig in die Tabelle ein.

in den Garten ▪ auf dem Dach ▪ ins Wasser ▪ am Strand ▪ neben dem Sofa ▪ unter den Regenschirm

Akkusativ: Wohin gehst du?	Dativ: Wo bist du?

 4 Kreuzen Sie an, was richtig ist. Notieren Sie auch hinter jedem Satz, ob er auf die Frage „Wo?" oder „Wohin?" antwortet.

1. Der Teppich liegt ◯ auf dem Boden. ◯ auf den Boden. _____

2. Ich stelle mein Glas ◯ in der Küche. ◯ in die Küche. _____

3. ◯ Hinter die Berge ◯ Hinter den Bergen geht die Sonne unter. _____

4. Das Mädchen springt ◯ über den Baumstamm. ◯ über dem Baumstamm. _____

 5 Kontrollieren Sie Ihre Sätze in Aufgabe 1. Überprüfen Sie, ob Sie Akkusativ und Dativ richtig verwendet haben.

Sich kennenlernen

Erste Gespräche

> Viele Menschen finden es schwierig, mit Unbekannten ein erstes Gespräch zu führen. Sie wissen nicht, worüber sie sprechen sollen. Oder sie haben Angst, etwas Unpassendes zu sagen.
>
> Manche Menschen finden solche ersten Gespräche langweilig, weil die Themen sie nicht interessieren. Aber es geht dabei nicht nur um die Themen. Es geht darum, den anderen ein wenig kennenzulernen. Bestimmte Themen sind für ein erstes Gespräch nicht geeignet, weil sie zu persönlich sind.

1 Lesen Sie das folgende Gespräch in Partnerarbeit vor. Markieren Sie dann die Sätze, die nicht in ein erstes Gespräch mit einer unbekannten Person passen.

- „Ist es nicht schön warm heute?"
- „Ja, es ist schon fast Sommer."
- „Aber ich bin auch froh, wenn es nicht zu heiß wird. Dann schwitze ich immer so stark und bekomme Schweißfüße."
- „Ja, das ist nicht so schön. Ich mag den Sommer gern. Wenn die Sonne scheint und man alles ein bisschen langsamer machen kann. Darum fahre ich auch so gerne in den Süden."
- „Wohin fahren Sie denn am liebsten?"
- „Nach Bayern, in die Alpen. Und Sie?"
- „Ich kann nicht in den Urlaub fahren. Ich bin krank und bekomme manchmal Anfälle. Dann muss ich schnell in die Klinik. Daher bleibe ich immer in der Stadt."

2 a Notieren Sie alle Themen, die geeignet sind.

_____

_____

_____

b Lesen Sie die Themen im Kasten. Finden Sie in der Klasse für jedes Thema ein Beispiel. Diskutieren Sie dann, welche Gesprächsthemen geeignet sind, um jemanden kennenzulernen. Manche Themen sind weniger geeignet.

> Wetter ■ Kleidung ■ Autos ■ Körperhygiene ■ Einkaufsmöglichkeiten ■ Filme ■ Ängste ■ Sexualität ■ Schule ■ Arbeit ■ psychische Probleme ■ eigene Schwächen ■ Familie ■ Bücher ■ Hobbys ■ Urlaub ■ Krankheiten ■ Tod

Das ist mir wichtig: Präsentation

 3 Lesen Sie die Tipps für eine gute Präsentation. Schreiben Sie die Wörter im Wortsalat richtig.

Vorbereitung:

- [genÜleber] _____ Sie vorher, was Sie sagen möchten.

- Bringen Sie die Themen in eine [hengefolRei] _____.

- Machen Sie sich [zenNoti] _____.

Durchführung:

- Stellen Sie sich mit Ihren Notizen vor die [seKlas] _____.

- [zähErlen] _____ Sie alles so, wie sie es geplant haben.

- [chensuVer] _____ Sie, keine Füllwörter oder „ähms" zu benutzen. Füllwörter sind Wörter wie „eben", „sozusagen", „eigentlich" oder „halt".

- Schauen Sie dabei Ihre [lerschüMit] _____ an.

- Stehen Sie [degera] _____ und stecken Sie die Hände nicht in die Taschen.

 4 Bringen Sie drei digitale Fotos mit. Die Fotos sollten drei Dinge, Orte oder Themen zeigen, die Ihnen persönlich wichtig sind. Beschreiben Sie die Fotos in Stichworten so, dass Sie sie in der Klasse präsentieren können. Beantworten Sie dabei die folgenden Fragen.

	Was sieht man auf dem Foto?	Warum ist das wichtig für mich?
Foto 1		
Foto 2		
Foto 3		

 5 Präsentieren Sie die Fotos in der Klasse.

Wenn Sie die Fotos ausdrucken können, hängen Sie alle Fotos in der Klasse aus. Gehen Sie einige Minuten herum und schauen Sie die Fotos der Reihe nach an. Anschließend präsentiert jede Person ihre eigenen Fotos mit den vorbereiteten Notizen einer Gruppe.

> **Tipp:**
>
> Mehr zu einer Präsentation finden Sie auf Seite 76.

Rückblick: Erzählen Sie doch mal

 Lesen Sie die Situationen. Auf welchen Seiten im Buch haben Sie dazu etwas gelernt? Notieren Sie die Seitenzahlen. Vergleichen Sie dann in der Klasse.

Das Schuljahr in der Berufsschule hat angefangen. Sie kennen noch niemanden. Sie wollen sich in der Pause mit einem Mitschüler oder einer Mitschülerin unterhalten. Aber Sie wissen nicht, worüber Sie sprechen sollen.

Seiten: _____

Sie sitzen im Bus. Ihr Ausbilder oder Ihre Ausbilderin steigt ein und setzt sich zu Ihnen und fragt Sie, wie es Ihnen geht. Sie haben gerade finanzielle Probleme und wissen nicht, ob Sie davon erzählen sollen.

Seiten: _____

Sie machen eine Ausbildung in einem Betrieb. In der Pause setzt sich ein Kollege oder eine Kollegin zu Ihnen und erzählt Ihnen etwas von sich. Sie wissen nicht genau, wie Sie sich verhalten sollen, weil Sie die Person kaum kennen.

Seiten: _____

Sie kommen in ein neues Team. Bevor Sie mit der Planung und der Arbeit anfangen, sollen sich alle persönlich vorstellen. Sie müssen vor 10 fremden Leuten etwas über sich erzählen.

Seiten: _____

2 Wie wirkt meine Sprache?

Worum es in diesem Kapitel geht:

Wie drücke ich mich höflich aus?

Wie halte ich einen angemessenen Abstand?

Wie überzeuge ich mit Argumenten?

Wie achte ich auf Gesprächsregeln?

Wann benutze ich „Sie" und wann „du"?

Was ist Smalltalk?

Wie spreche ich am Arbeitsplatz?

Gestik, Mimik und Inhalt

Wenn man miteinander schreibt oder spricht, wird das *Kommunikation* genannt.
Für die Kommunikation sind drei Dinge wichtig:
- Gestik
- Mimik
- Inhalt

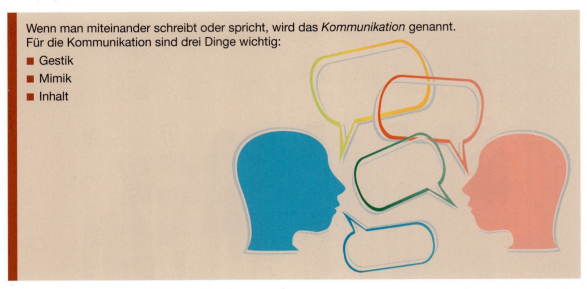

Gestik	Mimik	Inhalt
Bewegungen mit den Armen, Händen und dem Kopf	Bewegungen im Gesicht	Alles, was ausgesprochen wird

Ein erhobener Zeigefinger kann bedeuten: „Achtung!" — *Nach oben gezogene Augenbrauen können Überraschung bedeuten.* — *In einem Podcast können wir nur den Inhalt hören.*

↓ ↓ ↓

nonverbale Kommunikation **verbale Kommunikation**
ohne gesprochene Worte   gesprochene Worte

1 Ordnen Sie zu: Was ist Gestik, was ist Mimik und was ist Inhalt?

1. Jemand verdreht die Augen: Mimik

2. Jemand sagt: „Das schaffen wir!": _____

3. Jemand verschränkt die Arme vor der Brust: _____

4. Jemand zieht die Augenbrauen hoch: _____

Inhalt und Ausdruck stimmen überein

> Es ist wichtig, dass die nonverbale *Kommunikation* dasselbe ausdrückt wie die verbale Kommunikation. Sonst kann ein Gesprächspartner schnell etwas falsch verstehen oder er glaubt der sprechenden Person etwas nicht.
>
> Wir können aber auch mit Absicht so sprechen, dass Gestik, Mimik und Inhalt nicht zusammenpassen. Wenn wir zum Beispiel etwas nicht ernst oder als Witz meinen.
>
> **Beispiel:** Ein Schüler hat eine schlechte Note bekommen und sagt mit hängenden Schultern: „Da freue ich mich!" Dann freut er sich nicht wirklich, obwohl er das sagt.

 1 Ordnen Sie den Sätzen den passenden Gesichtsausdruck zu. Tragen Sie die Bildnummern in die Kästchen ein.

1	2	3	4	5	6	7
Angst	Verachtung	Traurigkeit	Freude	Überraschung	Wut	Ekel

1	„Ich habe Angst, dass ich die Prüfung nicht bestehe!"
	„Ich bin traurig, weil ich eine schlechte Note geschrieben habe."
	„Ich freue mich über das schöne Wetter!"
	„Ich finde das Essen eklig."
	„Ich bin wütend auf meinen Freund."
	„Ich verachte meine Nachbarin, weil sie gemein und feige ist."
	„Ich wusste nicht, dass ihr heiratet. Das ist aber eine Überraschung!"

 2 Diskutieren Sie mögliche Schwierigkeiten bei der Zuordnung.

3 Verbinden Sie einen Gesichtsausdruck mit einem Satz so, dass er als Witz, also ironisch, gemeint ist.

_____

_____

_____

_____

_____

So drücke ich mich aus

In Chat-Programmen gibt es Emojis. Damit können wir beim Schreiben mit Freunden unsere Gefühle zeigen.

1 Beschreiben Sie, was die abgebildeten Emojis sagen könnten.

„Ich bin traurig."

_____

_____

_____

_____

2 Tauschen Sie sich mit Ihrem Sitzpartner oder Ihrer Sitzpartnerin über andere Emojis aus. Gibt es welche, die Sie unterschiedlich verstehen?

3 Beschreiben Sie Ihrem Sitzpartner oder Ihrer Sitzpartnerin nur mithilfe von Emojis Ihren Tagesablauf. Nutzen Sie dafür Ihr Smartphone.

4 Emojis können auch für ein Rätsel genutzt werden. Benennen Sie das deutsche Sprichwort, das im Bild dargestellt wird. Sie dürfen dazu im Internet *recherchieren*.

> **Tipp:**
> Ein Kleeblatt mit vier Blättern ist in Deutschland ein Symbol für Glück.

Lösung: _____ .

5 Stellen Sie Ihrem Sitzpartner oder Ihrer Sitzpartnerin selbst ein Rätsel nur mit Emojis. Zeichnen Sie dieses Rätsel in den folgenden Kasten. Zum Beispiel kann man einen Film erraten.

Was ich sage und was ich eigentlich meine

Oft sagen wir etwas und meinen aber noch etwas anderes. Das bedeutet, dass es einen weiteren Inhalt gibt, den wir aber nicht sagen.
Wenn zum Beispiel ein Beifahrer im Auto sagt: „Es ist grün.", sagt er eigentlich nur, dass die Ampel grün ist. Er meint aber auch, dass der Fahrer oder die Fahrerin jetzt losfahren soll.

6 Beschreiben Sie, was die Person eigentlich meint oder meinen könnte.

1. „Hier zieht es, mir ist ganz kalt."

„Schließe bitte das Fenster."

2. „Es hat an der Tür geklingelt."

_____

3. „Haben Sie eine Uhr?"

_____

4. „In der Suppe fehlt noch Salz."

_____

Wie direkt wir etwas sagen oder sagen können, hängt von mehreren Dingen ab. Es ist zum Beispiel sehr wichtig, mit wem wir sprechen. Mit einem guten Freund oder einer guten Freundin kann man meist direkter sprechen als mit seinem Chef oder seiner Chefin. Es kann aber auch vom Thema abhängen. Auch die Kultur ist sehr wichtig. Deutsche gelten als sehr direkte Gesprächspartner. In manchen anderen Ländern versucht man, weniger direkt zu sprechen. Sehr direktes Sprechen wird dort als unhöflich empfunden.

Andere Länder, andere Sitten

Auch bei der Gestik und Mimik ist es wichtig, dass man die Kultur kennt. Die Bedeutung einer Handgeste kann sehr unterschiedlich sein. So heißt „Daumen hoch" in Deutschland „super". In anderen Ländern wie zum Beispiel Russland ist es eine Beleidigung.

7 Diskutieren Sie mit Menschen aus unterschiedlichen Ländern oder recherchieren Sie im Internet:

1. Handgesten, die in Deutschland und anderen Ländern das Gleiche bedeuten.
2. Handgesten, die in Deutschland und anderen Ländern etwas Unterschiedliches bedeuten.

8 In einigen Ländern lächelt man oft auf eine bestimmte Art. Beschreiben Sie, was Menschen aus einem anderen Land falsch verstehen könnten.

Tipp:

Schauen Sie sich das Bild als Hilfestellung genauer an.

Wie kann Kommunikation besser funktionieren?

Kommunikation funktioniert nicht immer sofort. Manchmal brauchen wir ein bisschen Zeit, um etwas richtig zu verstehen. Wenn man etwas falsch versteht, ist das ein Missverständnis.

1 Denken Sie an einen Moment, in dem jemand Sie falsch verstanden hat oder Sie etwas falsch verstanden haben. Beschreiben Sie die Gründe für das Missverständnis.

Beispiel:
Dieses Beispiel zeigt, wie schnell Missverständnisse entstehen können.

Frau Santos sitzt mit ihren Kolleginnen und Kollegen beim Mittagessen. Sie verschränkt die Arme vor der Brust. Die Kollegen denken: „Frau Santos hat kein Interesse an der Unterhaltung oder sie findet etwas nicht gut." Vielleicht ist ihr aber nur kalt.

 2 Was kann man bei einem Missverständnis machen? Beschreiben Sie, was Sie sagen können, wenn es zu folgendem Missverständnis gekommen ist:

Ihre Chefin hat Ihnen gestern beim Mittagsessen gesagt: „Kommen Sie nächsten Freitag bitte in mein Büro." Sie haben sich als abgesprochene Zeit 14:30 Uhr aufgeschrieben. Als Sie um 14:30 Uhr in dem Büro ankommen, sagt Ihre Chefin: „Sie sind aber spät! Ich hatte doch halb zwei gesagt!"

_____

_____

_____

Tipps für (*interkulturelle*) Kommunikation

- Sprechen Sie langsam und verständlich.
- Lassen Sie Ihren Gesprächspartner immer zu Ende reden.
- Fragen Sie nach, wenn Sie etwas nicht verstehen.
- Entschuldigen Sie sich für ein Missverständnis und erklären Sie dies.
- Seien Sie respektvoll.

3 Notieren Sie einen weiteren Tipp für interkulturelle Kommunikation.

- _____

_____

_____

Sagen Sie es einfacher

3 Erklären Sie Ihrem Sitzpartner oder Ihrer Sitzpartnerin etwas, das er oder sie nicht kennt. Das kann z. B. ein Rezept, die Funktion einer Maschine oder eine bestimmte App sein. Geben Sie sich danach gegenseitig Rückmeldung:
- Was hat Ihr Sitznachbar oder Ihre Sitznachbarin gut gemacht?
- Was kann Ihr Sitznachbar oder Ihre Sitznachbarin noch besser machen, um noch leichter verständlich zu sein?

Tipps für mehr Verständlichkeit
- Überlegen Sie vorher, mit wem Sie sprechen und was diese Personen wissen.
- Sprechen Sie in kurzen Sätzen.
- Lassen Sie unwichtige Informationen weg.
- Fassen Sie Wichtiges nochmals zusammen.
- Nutzen Sie Fachsprache nur, wenn sie unbedingt notwendig ist.

Beispiel: Denken Sie an Sprachnachrichten, die Sie mit dem Smartphone verschicken.

4 Beschreiben Sie für eine Person, die sich nicht mit Smartphones auskennt, was Sprachnachrichten sind. Notieren Sie.

_____
_____
_____
_____
_____
_____
_____
_____
_____
_____

5 Beschreiben Sie mündlich, was Sprachnachrichten sind, wenn sich Ihr Gesprächspartner oder Ihre Gesprächspartnerin mit Smartphones auskennt.

6 Diskutieren Sie, wie sich die beiden Beschreibungen unterscheiden.

Das Schweigen

 Ein Sonderfall der *Kommunikation* ist das Schweigen. Auch wenn wir etwas nicht direkt sagen, kommunizieren wir einen Inhalt. Auch hier ist es wichtig, daran zu denken, dass andere Kulturen Schweigen unterschiedlich verstehen. Außerdem nimmt auch jeder persönlich Schweigen unterschiedlich wahr.

 6 Notieren Sie in der Tabelle Situationen, in denen Sie Schweigen gut finden, und Situationen, in denen Sie Schweigen nicht so gerne mögen.

Situationen, in denen ich Schweigen gut finde	Situationen, in denen ich Schweigen nicht so mag
Im Wartezimmer	Bei einem Date

7 Stellen Sie sich vor, Sie sitzen im Zug. Sie sind extra in das Abteil gegangen, in dem eher nicht gesprochen werden soll. Diskutieren Sie, wie Sie damit umgehen können, wenn Ihre Sitznachbarin oder Ihr Sitznachbar neben Ihnen sehr lange und sehr laut telefoniert.

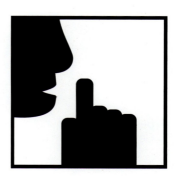

Menschen sind unterschiedlich

Bedenken Sie immer, dass Menschen unterschiedlich sind. Einige empfinden Schweigen als angenehm, andere sind unangenehm berührt. Manchmal ist es schwierig zu entscheiden, ob Ihr Gesprächspartner oder Ihre Gesprächspartnerin schüchtern ist oder gerade nicht sprechen möchte. Vielleicht denkt er oder sie gerade an etwas anderes und spricht deswegen nicht mit Ihnen. Auch hier spielt die Kultur eine Rolle.

Außerdem sind einige Menschen eher aktiv und andere Menschen eher passiv. Aktiv in der Kommunikation bedeutet, dass man mehr im Vordergrund steht, auf andere zugeht und mehr Dinge und Ideen von sich aus anspricht. Passive Menschen halten sich eher zurück und reagieren auf Situationen und Gespräche, anstatt diese selbst zu beginnen.

 7 Lesen Sie sich den Dialog durch. Ordnen Sie zu: Welche Person ist eher aktiv und welche Person ist eher passiv?

Person A: _____ Person B: _____

💬 Person A: Hallo, hallo! Gut, dass du da bist. Ich wollte dir schon die ganze Zeit von meinem letzten Wochenende erzählen.

💬 Person B: Hallo. Dann fang mal an.

💬 Person A: Ja, also das war so. Wir hatten zuerst eine Familienfeier und als wir dann abends nach Hause gefahren sind, hatten wir doch tatsächlich eine Autopanne! Kannst du dir das vorstellen?

💬 Person B: Oh nein, ich hoffe, es ist alles gut gegangen?

💬 Person A: Ja, zum Glück konnten wir den Reifen schnell wechseln. Wie war dein Wochenende?

💬 Person B: Gut, danke.

8 Überlegen Sie: Sind Sie selbst eher aktiv oder eher passiv?

Die Vielfalt von Sprachen

Welchen Einfluss haben andere Sprachen?

Die wichtigste Weltsprache ist Englisch. Im Deutschen werden viele Wörter aus anderen Sprachen benutzt, besonders aus dem Englischen. Aber auch weitere Sprachen haben Einfluss auf die deutsche Sprache, zum Beispiel Französisch und Spanisch.

Deutsch + Englisch = Denglisch

Beispiel:
„Mit meinem **Smartphone** habe ich schnell meine **E-Mails gecheckt**: Das **Meeting** wurde **gecancelt**."

Tipp: Aufgepasst

Die Rechtschreibung englischer Wörter wird an die deutsche Rechtschreibung angepasst. Im Englischen schreibt man zum Beispiel „email", im Deutschen aber „E-Mail". Wenn Sie sich nicht sicher sind, können Sie in einem Wörterbuch nachschlagen.

 1 Lösen Sie das Kreuzworträtsel mit Wörtern, die aus der englischen Sprache kommen.

1. Handy ■ 2. Treffen ■ 3. Im Internet Filme anschauen ■ 4. Etwas aus dem Internet herunterladen ■ 5. Ein klappbarer Computer

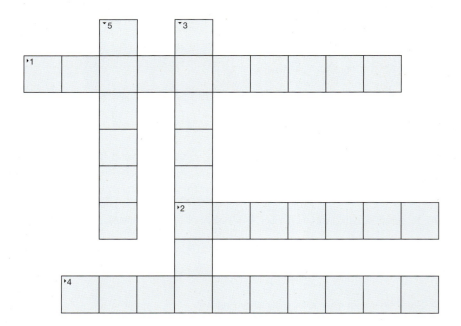

Eine Sprache – mehrere Sprachen

Viele Menschen sprechen nicht nur eine Sprache, sondern mehrere Sprachen. Die erste Sprache, die wir lernen, heißt *Muttersprache*. Geht man in ein anderes Land, lebt dort und lernt die Sprache, nennt man diese *Zweitsprache*. Wenn man zum Beispiel in der Schule eine weitere Sprache lernt, nennt man diese *Fremdsprache*.

2 Führen Sie Interviews mit Ihren Mitschülerinnen und Mitschülern durch. Finden Sie heraus, welche Muttersprachen und weiteren Sprachen in Ihrer Klasse gesprochen werden.

Weltweit gibt es mehr als 6 000 Sprachen. Die meistgesprochenen Muttersprachen sind Chinesisch, Englisch und Spanisch. Viele Menschen lernen zusätzlich Englisch. Deswegen ist Englisch die Sprache mit den meisten Sprechenden insgesamt.
Ungefähr 76 Millionen Menschen haben Deutsch als Muttersprache. Weitere 56 Millionen haben Deutsch als Zweitsprache oder Fremdsprache gelernt. Es gibt also insgesamt 132 Millionen Menschen, die Deutsch sprechen können.

3 Erklären Sie die Grafik Ihrem Sitzpartner oder Ihrer Sitzpartnerin.

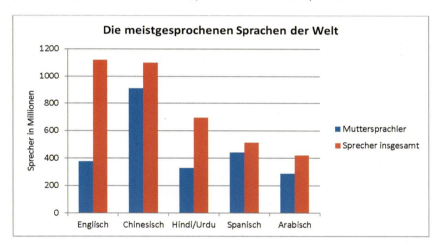

4 Überlegen Sie, ob Sie etwas überrascht. Tauschen Sie sich aus.

 5 Notieren Sie und tauschen Sie sich mit Ihren Mitschülerinnen und Mitschülern aus:

Welche Sprachen sprechen Sie? _____

_____

Welche Sprachen würden Sie gerne sprechen können? _____

_____

Sie und Du

Im Deutschen spricht man eine Person entweder mit „Sie" oder mit „du" an. Die beiden Formen haben unterschiedliche Bedeutungen. Jemanden mit „Sie" anzusprechen ist höflicher, als jemanden mit „du" anzusprechen. Vorgesetzte müssen Sie mit „Sie" ansprechen. Sie „siezen" sie also. Ihre Freunde „duzen" Sie.

Tipp:
Beachten Sie: Das höfliche „Sie" wird immer großgeschrieben.

Wann siezen, wann duzen?

Es ist nicht immer leicht zu entscheiden, ob man eine Person siezen oder duzen soll. Man siezt eine Person vor allem dann, wenn der Gesprächspartner älter als man selbst ist oder eine höhere Position hat. Die älteren oder höherrangigen Gesprächspartner können das „Du" anbieten, nicht andersherum. Wenn Sie in einem Unternehmen oder Ausbildungsbetrieb neu sind: Warten Sie ab. Beobachten Sie Ihre Kollegen und nutzen Sie das höflichere „Sie".

1 Kreuzen Sie an, ob Sie siezen oder duzen würden. Begründen Sie mündlich.

a Sie bitten Ihre Schulleiterin um eine Unterschrift.
◯ Könnten Sie diesen Antrag bitte unterschreiben?   ◯ Könntest du diesen Antrag bitte unterschreiben?

b Sie gehen mit einer Gruppe von Auszubildenden privat etwas trinken.
◯ Was möchten Sie trinken?   ◯ Was möchtest du trinken?

c Sie bestellen in einem vornehmen Restaurant etwas zu Essen.
◯ Könnten Sie uns bitte die Weinkarte bringen?   ◯ Könntest du uns bitte die Weinkarte bringen?

Sie und Du in anderen Sprachen und Kulturen

Einige Sprachen haben wie das „Sie" im Deutschen eine ähnliche Höflichkeitsform. Im Französischen gibt es zum Beispiel das „vous", im Italienischen das „lei" und im Spanischen das „usted". In anderen Sprachen nutzt man zusätzliche Wörter, um Höflichkeit und Respekt auszudrücken. So kann man im Arabischen neben der Ansprache mit „Herr" (سيد sayyied) und „Frau" (سيدة sayyida) Menschen auch mit „Doktorin" (دكتورة duktora) oder „Doktor" (دكتور duktor) ansprechen. Man betont so, dass der Gesprächspartner sehr gebildet ist.

Siezen im Englischen

Im Englischen gibt es kein „Sie" wie im Deutschen, sondern nur das „you". Es heißt „du", „ihr" und „Sie". Es wird also unter Freunden genutzt, aber auch als höfliche Anrede im offiziellen Bereich. Hier benutzt man zusätzlich eine höflichere Sprache, zum Beispiel mit besonderen Satzanfängen wie:
- May I …?
- I would like to …
- I am very pleased to …
- Would you like to …?

2 Tauschen Sie sich mit Menschen aus anderen Kulturen aus oder recherchieren Sie. Schreiben Sie Sprachen und ihre typischen Höflichkeitsformen in die Tabelle.

Sprache	Höflichkeitsform
Spanisch	usted/ustedes

Frauen und Männer ansprechen

In Deutschland wird viel diskutiert, wie man Männer und Frauen in einer Gruppe anspricht. Meist benutzt man die weibliche und männliche Form mit einem „und" oder einem „oder" dazwischen, zum Beispiel „Mitarbeiterinnen und Mitarbeiter". Manchmal gibt es ein Wort, das Männer und Frauen meint, zum Beispiel „Auszubildende".

3 Beschreiben Sie die Personengruppen so, dass Männer und Frauen gemeint sind:

1. Kollegen: Kolleginnen und Kollegen

2. Kaufmänner: _____

3. Lehrer: _____

4. Assistenten: _____

5. Studenten: _____

Small Talk

Ein lockeres, zwangloses Gespräch wird auch „Small Talk" genannt. In einem Small Talk kann man seine Gesprächspartnerin oder seinen Gesprächspartner näher kennenlernen und Gemeinsamkeiten finden. Es ist wichtig, sich an bestimmte Höflichkeitsformen zu halten, zum Beispiel den anderen vorerst mit „Sie" anzusprechen.

In der Arbeit kann es in verschiedenen Situationen einen Small Talk geben:
- mit Kollegen und Kolleginnen,
- mit Vorgesetzten,
- mit Kundinnen und Kunden.

Mit Vorgesetzten, Geschäftspartnerinnen und Geschäftspartnern oder Kunden und Kundinnen sprechen Sie eher offiziell. Gespräche mit Kolleginnen und Kollegen können auch privat sein.
Bei der Themenauswahl sollte man überlegen: Nicht jedes Thema eignet sich für einen Small Talk.

1 Kreisen Sie die Gesprächsthemen ein, über die Sie in einem Small Talk sprechen würden.

2 In jeder Kultur gibt es Themen, über die man offen spricht. Andere sind eher privat. Über welche Themen würden Sie nicht sprechen?

_____
_____
_____
_____
_____

3 Tauschen Sie sich mit Ihrem Partner oder Ihrer Partnerin aus, warum Sie über diese Themen nicht sprechen würden.

Tipps für einen Small Talk

- Gesprächseinstieg: Über etwas Offensichtliches sprechen z. B. die Situation, den Ort …
- Mit einem Lächeln beginnen
- Aufmerksam zuhören und auf Äußerungen eingehen
- Offene Fragen (W-Fragen) stellen, denn bei Ja/Nein-Fragen kann das Gespräch stocken
- Körpersprache bewusst einsetzen
- Sensibler Umgang mit den Themen
- Ratschläge vermeiden
- Gemeinsamkeiten filtern

Einen Small Talk beginnen
- Entschuldigen Sie, sind Sie nicht …?
- Wie gefällt Ihnen …?
- Was sagen Sie zu …?
- Ich habe gelesen/gesehen, dass …

Reagieren, Interesse zeigen
- Oh, wie interessant.
- Richtig!
- Ja, das ist mir auch aufgefallen.

Einen Small Talk beenden
- Dann wünsche ich Ihnen noch einen schönen Tag.
- Es freut mich, dass ich Sie endlich persönlich kennengelernt habe.

4 Arbeiten Sie zu zweit. Führen Sie einen Small Talk. Wählen Sie dafür gemeinsam ein Thema aus Aufgabe 1 aus und eine Situation. Überlegen Sie sich eine Situation aus den Beispielen unten.

> **Tipp:**
> Nutzen Sie die Tipps oben auf dieser Seite.

Beispiele für Situationen

Im Aufzug: Person A möchte in den 14. Stock. Sie will als künftiger Personalleiter den Betrieb kennenlernen. Person B ist Azubi des Betriebs. Er muss auch in den 14. Stock. Person B ist neugierig und beginnt einen Small Talk.

Im Geschäft: Person A steht im Elektronikmarkt und möchte ein neues Smartphone kaufen. Sie wartet noch auf ihren Partner. Person B ist Verkäuferin. Um die Wartezeit zu verkürzen und Schweigen zu vermeiden, beginnt Person B den Small Talk.

Auf der Betriebsfeier: Die Personen A und B arbeiten für dieselbe Firma. Sie kennen sich aber noch nicht. Am Buffet beginnt Person A einen Small Talk.

5 Geben Sie sich gegenseitig Feedback zum Small Talk. Sie können sich dafür auch zu viert zusammentun.

Gespräche am Arbeitsplatz

In der Arbeitswelt gibt es unterschiedliche Gesprächsformen, zum Beispiel: Vorstellungsgespräch, Kundengespräch, Verkaufsgespräch, Reklamationsgespräch, Streit- und Schlichtungsgespräch. Bei Gesprächen am Arbeitsplatz ist Höflichkeit besonders wichtig. Auch in einer Firma, in der viele sich duzen, kann nur ein Vorgesetzter das „Du" anbieten. Ob man offen und persönlich mit einem Gesprächspartner spricht, hängt von der Beziehung zueinander ab und auch davon, aus welcher Kultur man kommt.

Gespräche am Arbeitsplatz sind oft ähnlich aufgebaut. Sie lassen sich in drei Phasen (Abschnitte) einteilen: Anfangsphase – Hauptteil – Endphase.

1 Ordnen Sie die folgenden Inhalte den Gesprächsphasen zu. Tragen Sie die Buchstaben unten in die passenden Felder ein.
a Bedanken Sie sich für den Termin.
b Nennen Sie klar und deutlich Ihr Anliegen.
c Versuchen Sie, zu einem positiven Ende zu kommen.
d Begrüßen Sie Ihren Gesprächspartner.
e Formulieren Sie Schritte zum Erreichen des Ziels.
f Bedanken Sie sich für das geführte Gespräch.
g Führen Sie einen kurzen Small Talk zum Einstieg.
h Treffen Sie Vereinbarungen.
i Machen Sie bei Bedarf einen weiteren Termin aus.
j Wiederholen Sie die wichtigsten Aussagen des Telefonats.

2 Ordnen Sie die Sätze den Gesprächsphasen zu. Tragen Sie die Zahlen unten in die passenden Felder ein.

1. Ich fasse noch einmal zusammen: Bis zum 15. Mai liefern wir Ihnen 260 Klemmbretter im DIN-A5-Format.
2. Seit letztem Montag ist es hier richtig sommerlich.
3. Ich kann Ihnen einen weiteren Termin am 12. September um 14 Uhr anbieten. Passt Ihnen das?
4. Danke, dass Sie sich für mich Zeit genommen haben.
5. Es geht um die bestellten Trommeln. Ist es möglich, weitere Exemplare zu bestellen?
6. Guten Tag Frau Pez, schön, dass ich Sie erreiche.
7. Vielen Dank für das Gespräch. Schön, dass wir alle Fragen klären konnten.

Anfangsphase	Hauptteil	Endphase
a _____	_____	_____
_____	_____	1 _____
_____	_____	_____
_____	_____	_____

Gespräche mit der Chefin oder dem Chef

Mit Kollegen und Kolleginnen spricht man häufig direkt und auf einer Ebene. Meist duzt man sich und verwendet auch Umgangssprache.
Mit Kunden und Kundinnen spricht man nicht so offen. Normalerweise siezt man sie. Das Gespräch ist distanzierter und formeller, denn meist geht es um eine Arbeitsleistung.
Mit Vorgesetzten kann ein Gespräch ganz unterschiedlich verlaufen. In der Regel siezt man sich.

Beispiel

Um ein Problem zu klären, sprechen Sie es bei einem Vorgesetzten an.

Sie suchen ein Gespräch mit dem Ausbilder oder der Lehrkraft:
- Ich möchte mit Ihnen über … sprechen.
- Entschuldigen Sie, hätten Sie einen Moment Zeit?
- Ich hätte gerne Ihre Unterstützung bei …
- Ich habe ein Problem mit …

Für ein erfolgreiches Gespräch gilt: einige Regeln beachten und das Gespräch vorher planen.

Tipp:

Regeln:
- Formulieren Sie Vorschläge, um das gewünschte Ziel zu erreichen.
- Schreiben Sie kurz und knapp die Fragen auf, die Sie behandeln wollen.
- Drücken Sie sich klar und verständlich aus.
- Seien Sie höflich und respektvoll.
- Fragen Sie nach, wenn Sie etwas nicht verstehen oder sich nicht sicher sind.
- Bedanken Sie sich für das Gespräch.

3 Nennen Sie eine weitere Regel für ein Gespräch mit dem Chef oder der Chefin.

_____

_____

_____

_____

4 Tauschen Sie sich in Kleingruppen aus: Was fällt Ihnen schwer bei einem Gespräch mit Ihrem Chef oder Ihrer Chefin? Überlegen Sie gemeinsam, wie Sie mit diesen Schwierigkeiten umgehen können.

Wie höflich: „Vielen Dank!"

Es ist allgemein wichtig, höflich und respektvoll miteinander umzugehen. Eine Person ist zum Beispiel höflich, wenn sie eine andere Person freundlich grüßt und die Tür für andere aufhält.
Höflich ist es, Wörter wie „bitte" oder „gerne" zu benutzen, wenn man etwas haben möchte, und „danke" oder „sehr freundlich", wenn man etwas bekommen hat.
Manchmal lässt sich durch Höflichkeit sogar ein Konflikt vermeiden. Auf jeden Fall sind Höflichkeit und Respekt auch wichtig bei der Lösung eines Konflikts.

1 Entscheiden Sie für die folgenden Situationen, wie Sie sich verhalten würden. Kreuzen Sie an:

1. Wenn einer älteren Dame vor mir an der Supermarktkasse das Portemonnaie herunterfällt, …
   - ○ … hebe ich es wieder auf und gebe es der Dame.
   - ○ … lasse ich es liegen.

2. Wenn ich im Unterricht unbedingt etwas sagen möchte und mein Lehrer mich übersieht, …
   - ○ … rufe ich einfach dazwischen.
   - ○ … melde ich mich weiter und warte, bis mein Lehrer mich aufruft.

3. Wenn ein älterer Herr mit einem Stock in den vollen Bus einsteigt, …
   - ○ … bleibe ich auf meinem Platz sitzen.
   - ○ … stehe ich auf und biete ihm meinen Platz an.

4. Wenn ich in ein Geschäft gehe und hinter mir ein junges Paar auch hineingehen möchte, …
   - ○ … halte ich die Tür für die beiden auf.
   - ○ … lasse ich die Tür hinter mir zuschlagen.

5. Wenn ich morgens noch müde in den Bus einsteige, …
   - ○ … grüße ich die Busfahrerin kurz.
   - ○ … steige ich in den Bus, ohne etwas zu sagen.

6. Wenn ich im Unterricht Hunger bekomme, …
   - ○ … hole ich mein Mittagsessen aus der Tasche und fange an zu essen.
   - ○ … warte ich trotzdem mit dem Essen bis zur Pause.

2 Bilden Sie Gruppen. Vergleichen Sie Ihre Ergebnisse. Diskutieren Sie Unterschiede.

War früher alles besser?

Das Marktforschungs- und Beratungsinstitut YouGov hat 2015 eine Umfrage unter mehr als 1000 Menschen zum Thema Höflichkeit gemacht. 75 % der Befragten finden, dass die Menschen früher höflicher waren als heute. 76 % sind der Meinung, dass Jugendliche zu wenig Respekt vor älteren Menschen haben. Bei einigen Themen gibt es große Unterschiede zwischen den 18- bis 24-Jährigen und Über-55-Jährigen. In der Gruppe der Jüngeren finden 68 % der Befragten, dass Männer den Frauen die Tür aufhalten soll. In der Gruppe der Älteren finden das 86 %. Beim Thema Smartphone ist der Unterschied nicht ganz so groß: 97 % der älteren Gruppe findet es unhöflich, während eines Gesprächs auf das Smartphone zu schauen. Bei der jüngeren Gruppe sind es 91 %.

 3 Diese Aussagen wurden in der Umfrage gemacht. Wie viele Menschen waren für die Aussagen (in Prozent)? Vervollständigen Sie die Tabelle.

Aussage	Befürworter in %
Früher waren Menschen höflicher.	75
Jugendliche haben zu wenig Respekt vor Älteren.	
Männer sollten Frauen die Tür aufhalten. (18–24-Jährige)	
Männer sollten Frauen die Tür aufhalten. (Über-55-Jährige)	
Während eines Gesprächs ist der Blick auf das Smartphone unhöflich. (18–24-Jährige)	
Während eines Gesprächs ist der Blick auf das Smartphone unhöflich. (Über-55-Jährige)	

Höfliche Umgangsformen

4 Lesen Sie die Aussagen unter Aufgabe 3 noch einmal durch. Tragen Sie in die Tabelle ein:
- Bei welchen Aussagen haben Sie eine ähnliche Meinung?

- Welchen Aussagen stimmen Sie nicht zu?

Ähnliche Meinung	Andere Meinung

5 Notieren Sie weitere Umgangsformen, die Ihnen wichtig sind.

_____

_____

_____

_____

_____

_____

_____

_____

_____

6 Bilden Sie Gruppen. Vergleichen Sie Ihre Ergebnisse in der Gruppe.

Höflichkeit in unterschiedlichen Ländern

Höflichkeit kann in verschiedenen Ländern und Kulturen unterschiedlich ausgedrückt und gesehen werden. In Kapitel 2 haben Sie schon erfahren, dass Körpersprache manchmal in verschiedenen Ländern ganz Unterschiedliches mitteilen kann. So gibt es auch verschiedene höfliche Umgangsformen. In manchen Ländern ist es zum Beispiel üblich, einem Gast Tee anzubieten. Der Gast trinkt aus Höflichkeit auch davon.

7 Vergleichen Sie in der Klasse: Welche Umgangsformen kennen Sie aus anderen Ländern?

Der Ton macht die Musik

Im Deutschen gibt es das Sprichwort „Der Ton macht die Musik."

8 Tauschen Sie sich mit Ihrem Sitznachbarn oder Ihrer Sitznachbarin aus: Was könnte das Sprichwort bedeuten?

Auf Seite 32 haben Sie schon höfliches Verhalten angeschaut.

9 Sammeln Sie in Gruppen weitere Beispiele für höfliche Kommunikation, auch aus anderen Ländern.

- „Bitte" und „Danke" sagen

_____

_____

_____

_____

_____

10 Notieren Sie weitere Sprichwörter zum Thema Höflichkeit. Sie können dafür auch im Internet recherchieren.

_____

_____

> **Tipp:**
> Sprichwörter sind häufig nicht so leicht zu verstehen. Tauschen Sie sich mit Ihren Mitschülerinnen oder Mitschülern über diese aus oder fragen Sie Ihre Lehrkraft.

Wie drücke ich mich höflich aus? Der Konjunktiv II

Es gibt bestimmte Formen im Deutschen, um sich höflich auszudrücken. Eine Möglichkeit dafür ist der *Konjunktiv II*, der auch Konjunktiv der Höflichkeit genannt wird.

Bildung des Konjunktiv II

Es gibt zwei Möglichkeiten, den Konjunktiv II zu bilden:
1. Umschreibung mit „würde" + *Infinitiv* (*Grundform*) des Verbs
2. Verbform des Konjunktiv II

Möglichkeit 1: Umschreibung mit „würde" + Grundform

Beispiel: Ich würde gerne mit Ihnen sprechen.
Diese Form wird oft in der Alltagssprache gewählt. Sie wird gebildet mit der angepassten Form von „würde" und einem Verb in der *Grundform* (*Infinitiv*).

Ich	würde	schreiben.
Du	würdest	tanzen.
Er/sie/es	würde	lachen.
Wir	würden	reisen.
Ihr	würdet	tauchen.
Sie	würden	lesen.

 1 Formulieren Sie die folgenden Sätze um: Setzen Sie das Verb mithilfe von „würde" + *Infinitiv* (*Grundform*) in den Konjunktiv II.

Tipp:
Stellen Sie sich vor, dass Sie etwas tun wollen, aber etwas dazwischen kommt.

Indikativ (Wirklichkeitsform)   →   Konjunktiv II

1. Ich schreibe.   → Ich würde schreiben, aber ich finde meinen Stift nicht.

2. Du liest.   → _____, aber du hast deine Brille vergessen.

3. Sie rechnet.   → _____, aber sie hat keinen Taschenrechner dabei.

4. Wir arbeiten.   → _____, aber wir sind krankgeschrieben.

5. Ihr schlaft.   → _____, aber ihr seid nicht müde.

6. Sie spricht.   → _____, aber sie hat Zahnschmerzen.

Möglichkeit 2: Verbform des Konjunktiv II

Die zweite Möglichkeit zur Bildung des *Konjunktiv II* ist in der Alltagssprache nicht so üblich. Sie wird eher in gehobener, älterer Literatur verwendet und im formellen Bereich.

Beispiel: *Ich läge gerne am Strand.*

In der Alltagssprache werden in dieser Form hauptsächlich die Verben „sein", „haben", „müssen" und „können" im Konjunktiv II gebraucht.

- **sein**: Wenn ich ein Millionär wäre …
- **haben**: Wenn ich ganz viel Zeit hätte …
- **müssen**: Wenn ich am Wochenende zur Schule müsste …
- **können**: Wenn ich fliegen könnte …

 2 Vervollständigen Sie die folgende Tabelle.

Tipp:
Der erste Teil des Wortes bleibt überall gleich. Der letzte Teil des Wortes wird so gebildet wie auch das Wort „würde" bei der Umschreibung des Konjunktiv II mit „würde".

	sein		müssen	können
		hätte		könnte
Du	wär(e)st	hättest	müsstest	
Er/sie/es		hätte		könnte
Wir	wären		müssten	
Ihr	wär(e)t			könntet
Sie		hätten		könnten

3 Vervollständigen Sie den Lückentext.

Er _____ (müssen) mal pünktlicher kommen und _____ (können) sein

Pausenbrot vor der Stunde essen. Wir _____ (haben) alle etwas davon!

Verwendung des Konjunktiv II

Der Konjunktiv wird in vier Situationen genutzt.

 1 Ergänzen Sie jeweils das zweite Beispiel mit der richtigen Form im *Konjunktiv II*.

1. Situation: (Irreale) Wünsche und Hoffnungen

Wenn Sie sich etwas wünschen, können Sie den Konjunktiv II verwenden.

Beispiele:
- Ich hätte gern mehr Zeit.
- _____ du gern nach Hause gehen?

2. Situation: Irreale Aussagen/Bedingungssätze

Wenn Sie eine Aussage machen wollen, die mit einer irrealen Situation verbunden ist und deswegen unwahrscheinlich ist, können Sie den Konjunktiv II verwenden.

Beispiele:
- Wenn ich jetzt am Strand liegen würde, wäre mir sicherlich sehr warm.
- Wenn ich Zeit _____, _____ ich zum Sport gehen.

3. Situation: Indirekte Rede, wenn Konjunktiv I nicht möglich ist

Wenn Sie eine Aussage in der indirekten Rede schreiben möchten, nutzen Sie normalerweise den Konjunktiv I. Wenn dieser gleich dem *Präsens* (Gegenwartsform) ist, müssen Sie den Konjunktiv II verwenden.

Beispiele:
- Frau Carter sagte, wir müssten noch viel lernen.
- Die Demonstranten schrien, sie _____ keine Lust mehr.

4. Situation: Besonders höfliche oder vorsichtige Anfragen/Aussagen

Wenn Sie sich besonders höflich ausdrücken wollen oder eine besonders höfliche Anfrage machen wollen, können Sie den Konjunktiv II für eine Frage oder eine Aussage verwenden.

Beispiele:
- Wären Sie so freundlich, mir das Lineal zu reichen?
- Ich _____ gerne 500 g Käse.

Vergangenheitsform des Konjunktiv II

> Im *Konjunktiv II* wird die Vergangenheitsform immer gleich gebildet:
> „haben" oder „sein" + Partizip II

Indikativ	Konjunktiv
Er wartete.	
Er hat gewartet.	Er hätte gewartet.
Er hatte gewartet.	

Indikativ	Konjunktiv
Sie ging.	
Sie ist gegangen.	Sie wäre gegangen.
Sie war gegangen.	

> Ob man für die Vergangenheitsform im Konjunktiv II „haben" oder „sein" verwendet, kann man an der Indikativform ablesen. Wird diese mit „sein" gebildet, wird auch der Konjunktiv mit „sein" gebildet. Wenn die Indikativform mit „haben" gebildet wird, wird auch der Konjunktiv II mit „haben" gebildet.

	sein		haben	
Ich	wäre	gegangen.	hätte	gewartet.
Du	wär(e)st	gegangen.	hättest	gewartet.
Er/sie/es	wäre	gegangen.	hätte	gewartet.
Wir	wären	gegangen.	hätten	gewartet.
Ihr	wär(e)t	gegangen.	hättet	gewartet.
Sie	wären	gegangen.	hätten	gewartet.

2 Lesen Sie den folgenden Text. Stellen Sie sich vor, Sie wären an diesem Wochenende krank gewesen und hätten Ihre Pläne nicht verwirklichen können. Schreiben Sie den Text in der Vergangenheitsform des Konjunktiv II.

Dieses Wochenende werde ich auf eine Hochzeit gehen. Ich werde mein schönstes Kleid tragen. Mein bester Freund wird mit mir kommen. Ich werde mich sehr über das viele Essen freuen und er wird sich sehr über das Tanzen freuen.

Letztes Wochenende wäre ich auf eine Hochzeit gegangen. _____

Wie höflich: „Sehr gerne!"

Im Deutschen hat das Wort „gerne" mehrere Funktionen. Man kann mit dem Wort sagen, dass einem etwas Spaß macht oder man kann einen Wunsch ausdrücken.

> **Tipp:**
> Man kann „gern" und „gerne" sagen.

 1 Notieren Sie jeweils ein weiteres Beispiel für die beiden Funktionen von „gerne".

1. „Gerne" kann ausdrücken, dass etwas mit Freude passiert oder getan wird.
   - Sie spielt gern Gitarre.
   - Er besucht gerne seine Tante.
   - „Danke." – „Gern geschehen!"
   - „Kommst du mit?" – „Ja, gerne!"
   - _____

2. „Gerne" kann auch ausdrücken, dass man sich etwas wünscht oder dass man hofft, dass etwas möglich ist.
   - Er wäre gern bei ihr geblieben.
   - Ich wüsste gern, was daraus geworden ist.
   - Ich hätte gerne vier Vollkornbrötchen.
   - Ich wäre jetzt gern in Hamburg.
   - _____

 2 Bringen Sie die Buchstaben in den Klammern in die richtige Reihenfolge. Tragen Sie das richtige Wort im Text ein. Sie finden dann mehr über die Satzstellung von „gerne" heraus.

„Gerne" kann an _____ (hmerrene) Stellen im Satz stehen. Steht es am

_____ (naAngf) des Satzes wird das gern(e) betont. Am Anfang des Satzes steht

das gern(e) vor dem konjugierten _____ (beVr). Steht das gern(e) in der Mitte

_____ (aztSse), so muss es hinter dem konjugierten Verb und dem

_____ (Sbkjute) steht.

> Wenn noch ein zweites Adverb hinzukommt, kann sich diese Regel ändern:
> Wir wären sehr gerne noch länger geblieben.

Ich hätte gerne …

3 Streichen Sie die falschen Verbformen.

1. Wenn ich viel Zeit hätte, würde/werde/sei ich gerne eine neue Sprache lernen.
2. Ich habe/hatte/hätte gerne 350 g Wurzeln.
3. Wenn Fabi keine Rückenschmerzen habe/hätte/hatte, würde er gerne tanzen.
4. Sie sagte, wir wären/hätten/haben jetzt keine Schule mehr.
5. In der Zukunft würde/wird/werden ich gerne gesünder essen.

4 Tauschen Sie sich mit Ihrem Sitzpartner oder Ihrer Sitzpartnerin aus. Vervollständigen Sie die Sätze: Was würden Sie gerne tun? Sie können sich auch noch weitere Beispiele ausdenken.

- „Nächstes Wochenende würde ich gerne …"
- „Ich hätte gerne die Fähigkeit …"
- „In zehn Jahren würde ich gerne …"
- „Wenn ich …"

5 Ordnen Sie die Satzteile. Manchmal gibt es zwei Möglichkeiten.

1. gerne länger   Wir wären   geblieben   bei der Feier

_____

_____

2. Schokoladeneis   Gern/gern   Sie/sie   isst

_____

3. gern   hätte   400 g Gouda   Ich

_____

4. einen Moment   Zeit   Sie   für mich   Hätten?

_____

_____?

5. Sie/sie   schließt   wüsste   Wann/wann   der Supermarkt   gern

_____,

_____

Den richtigen Abstand finden

In der Ansprache mit „Du" oder „Sie" schaffen wir Nähe oder Abstand im Gespräch. Das gleiche gilt für den körperlichen Abstand.
In der Schule, im Berufsleben und im Privatleben sind Sie ständig mit Menschen in Kontakt. Vielleicht hatten Sie schon einmal das Gefühl, dass Ihnen jemand „zu nah gekommen" ist. Doch was ist eigentlich „zu nah"?

Distanz, die: Eine räumliche oder zeitliche Entfernung zu etwas.

Distanzzonen

Außerhalb des Freundes- oder Familienkreises gelten einige Regeln, auch wenn niemand darüber spricht. Dazu gehören die sogenannten Distanzzonen. Diese Zonen beschreiben den Abstand zum Gesprächspartner.

Intimzone:
In diese Zone dürfen normalerweise nur Partner, Familienmitglieder oder gute Freunde.

Persönliche Zone:
In diesem Bereich findet die meiste *Kommunikation* mit Kollegen, Kunden und Vorgesetzten statt. Hier kann man sich die Hand schütteln, man muss sich aber nicht berühren.

Gesellschaftliche Zone:
In dieser Zone berührt man sich eher nicht. Man grüßt sich zum Beispiel im Vorübergehen.

Öffentliche Zone:
Hier ist jeder Körperkontakt ausgeschlossen.

1 Tragen Sie die vier Distanzzonen unter dem jeweiligen Kästchen ein.

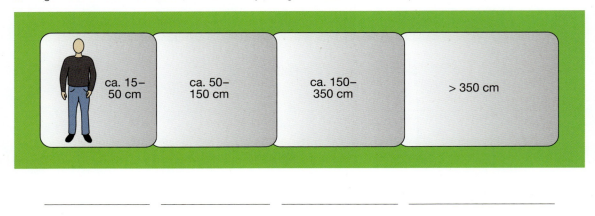

_____   _____   _____   _____

_____   _____   _____   _____

Nähe und Distanz

Ein passender Abstand zu anderen Personen hängt also von verschiedenen Umständen ab.
- In einigen Berufen, wie zum Beispiel in der Altenpflege, lässt es sich nicht vermeiden, die Intimzone zu durchbrechen.
- Auch Altersunterschiede zwischen den Menschen spielen eine Rolle: Kleine Kinder kommen sich oft sehr nahe. Jugendliche probieren untereinander aus, wie nahe sie anderen kommen dürfen und wo ihre eigenen Grenzen sind. Ältere Menschen suchen oft mehr Distanz.
- Es ist auch von Ländern und Kulturen abhängig, wie nah sich Menschen unter Freunden oder im geschäftlichen Bereich kommen. Aus Respekt halten zum Beispiel Schülerinnen und Schüler in manchen Ländern einen größeren Abstand zu Lehrkräften als in andern Ländern.
- Auch Hierarchien, das heißt Rangfolgen, entscheiden über die Distanz. Die ranghöhere Person entscheidet, wie viel Nähe sie zulässt. Sie reicht auch zuerst die Hand zum Handschlag. Eine Person, die eine wichtige Position hat, muss trotzdem die Distanzbedürfnisse der Mitarbeiter und Mitarbeiterinnen beachten.

Tipp:
Wenn Ihnen jemand zu nahe kommt, sollten Sie dies der Person sagen. Wenn Sie das Gefühl haben, dass sich Ihr Gesprächspartner unwohl fühlt, vergrößern Sie lieber die Distanz.

2 Ist das in Ordnung oder nicht? Bewerten Sie die folgenden Verhaltensweisen und kreuzen Sie an: Um ein Gespräch zu eröffnen, berührt …

a ein befreundeter Kollege Sie am Arm.
  ◯ in Ordnung   ◯ nicht in Ordnung
b eine Verkäuferin ihren Kunden am Arm.
  ◯ in Ordnung   ◯ nicht in Ordnung
c ein Ausbilder eine Auszubildende im Büro am Arm.
  ◯ in Ordnung   ◯ nicht in Ordnung

3 Diskutieren Sie die oben beschriebenen Verhältnisse von Nähe und Distanz.

4 Tauschen Sie sich mit Ihrem Sitznachbarn aus:
- Wann ist Ihnen schon einmal jemand „zu nah" gekommen?
- Wie haben Sie sich dabei gefühlt?
- Wie haben Sie reagiert?

5 2020 veränderte die Corona-Pandemie den Bezug zum Abstand untereinander. An viele Orten mussten Menschen viel Distanz zueinander halten. Tauschen Sie sich aus: Wie haben Sie diese Distanz empfunden?

Wie gehe ich mit Konflikten um?

Wenn völlig unterschiedliche Interessen oder Meinungen aufeinander treffen und gegeneinander gerichtet sind, spricht man von einem Konflikt. Das kann es zwischen Personen, Gruppen oder auch Staaten geben. Es ist dann schwierig, einen Kompromiss zu finden: also ein Ergebnis, mit dem alle Seiten gut leben können.

1 Nennen Sie das Thema eines Konflikts, den Sie selbst erlebt haben oder den Sie in der Politik mitbekommen haben.

Konflikte lassen sich nicht immer vermeiden. Sie können aber auch gut und wichtig sein und als Chance gesehen werden. Einerseits ist es gut, wenn man Konflikte möglichst schnell löst. Andererseits kann es sinnvoll sein, erst einmal einige Zeit abzuwarten, bevor man über den Konflikt spricht. Die Zeit können beide Seiten nutzen, um sich auf das Konfliktgespräch vorzubereiten und sich Notizen zu dem Gespräch zu machen.

Manchmal ist es eine gute Idee, eine dritte Person zu fragen. Diese vermittelnde Person sollte zu keiner der beiden Seiten eine engere Beziehung haben. Sie sollte neutral auf den Konflikt schauen und Erfahrung im Umgang mit Konflikten haben. Speziell dafür ausgebildete Menschen sind zum Beispiel Mediatoren oder Coachs.

Wie bereite ich mich auf ein Konfliktgespräch vor?

- Überlegen Sie sich, was den Konflikt ausgelöst haben könnte.
- Versuchen Sie, den Konflikt sachlich und von außen zu betrachten.
- Überlegen Sie sich, welche Gemeinsamkeiten Sie und Ihr Gegenüber haben.
- Machen Sie sich bewusst, was Ihnen wichtig in dem Konflikt ist.

2 Arbeiten Sie zu viert. Zwei von Ihnen führen ein Konfliktgespräch, eine oder einer übernimmt die Rolle der vermittelnden Person. Die vierte Person beobachtet das Gespräch und gibt im Anschluss Feedback. Bereiten Sie sich erst auf das Gespräch vor und machen Sie dafür Notizen.

Ich-Botschaften

Beobachtung (Wenn Sie …)
Gefühl (bin ich …)
Bedürfnis (weil …)
Wunsch (ich wünsche mir …)

In einem Konfliktgespräch geht es nicht darum, herauszufinden, wer recht hat oder wer schuldig ist. Es geht darum, eine gemeinsame Lösung zu erarbeiten, mit der beide Seiten zufrieden sind. Eine solche Lösung nennt man eine Win-win-Situation. Damit niemand der anderen Person das Gefühl gibt, sie ist Schuld, sind Ich-Botschaften sinnvoll. Sie wirken nicht kritisierend und vermeiden Verallgemeinerungen wie: „immer" oder „nie". Sie tragen zu einer Beruhigung im Konfliktgespräch bei.

Eine Ich-Botschaft folgt einem logischen Aufbau. Ihr Ziel ist es, einen Wunsch zu äußern und diesen mit den eigenen Bedürfnissen, Gefühlen und Beobachtungen zu begründen.

> **Beispiel:**
> ✗ **Du-Botschaft, Sie-Botschaft:**
> „Sie kommen immer zu spät zur Arbeit!"
>
> ✓ **Ich Botschaft:**
> „Wenn Sie spät zur Arbeit kommen, fühle ich mich überfordert, weil ich dann Ihre Aufgaben mit erledigen muss. Ich wünsche mir, dass Sie in Zukunft pünktlicher kommen."

3 Formulieren Sie die folgenden Sie-Botschaften zu Ich-Botschaften um:

1. Sie-Botschaft: „Sie machen immer so lange Mittagspause."
→ Ich-Botschaft:

_____

_____

_____

_____

2. Sie-Botschaft: „Nie kommen Sie zu unserer Betriebsratsbesprechung."
→ Ich-Botschaft:

_____

_____

_____

_____

Gesprächsregeln

Zu einem Gespräch gehören mindestens zwei Personen oder zwei Seiten mit mehreren Personen: eine sprechende und eine zuhörende. Für beide ist es wichtig, bestimmte Regeln einzuhalten. Das sorgt dafür, dass die Kommunikation gut funktioniert und es keinen Streit gibt.

Sprechende / Zuhörende

Sprechende	Zuhörende
Sprechen Sie langsam, verständlich und deutlich.	Lassen Sie Ihren Gesprächspartner aussprechen.
Sprechen Sie möglichst konkret über bestimmte Situationen oder Verhaltensweisen.	Fragen Sie nach, wenn Sie etwas nicht verstanden haben.
Bleiben Sie beim Thema.	Geben Sie Rückmeldungen, wie Sie sich fühlen.

Sprechende und Zuhörende

Halten Sie Blickkontakt.
Konzentrieren Sie sich auf das Gespräch.
Seien Sie höflich, fair und respektvoll miteinander.

 1 Wählen Sie die drei Gesprächsregeln aus, die Ihnen am wichtigsten sind.

2 Beschreiben Sie Ihrem Sitzpartner oder Ihrer Sitzpartnerin eine Situation, in der eine dieser Regeln nicht eingehalten wurde.

 3 Fügen Sie mindestens drei weitere Gesprächsregeln zu den genannten Regeln hinzu. Besprechen Sie die Ergebnisse in der Klasse.

Das lässt sich diskutieren

Eine Diskussion ist ein Gespräch zwischen mindestens zwei Menschen. Es geht darum, sich über ein bestimmtes Thema auszutauschen. Dabei haben die Teilnehmenden unterschiedliche, oft auch entgegengesetzte Meinungen.

Diskussionen gibt es im privaten Bereich, aber auch im öffentlichen Bereich. Zum Beispiel in der Politik wird viel diskutiert.

Das Ende einer Diskussion kann sein, wenn sich alle auf eine Meinung einigen. Es kann aber auch sein, dass alle ihre Ansichten behalten und keiner dem anderen recht gibt. Eine dritte Möglichkeit ist der Kompromiss. Das bedeutet, dass jeder von seiner Ansicht etwas abweicht und man eine gemeinsame Lösung findet. Mit dieser Lösung können alle leben.

 1 Denken Sie an eine Diskussion, die Sie selbst hatten. Benennen Sie das Thema der Diskussion.

_____

_____

2 Beschreiben Sie Ihrem Sitzpartner oder ihrer Sitzpartnerin, wie Sie sich in der Diskussion gefühlt haben.

> Das Thema einer Diskussion kann man als Fragestellung oder als Aussage formulieren:
> - **Fragestellung:** Sollten Kinder an deutschen Schulen Schuluniformen tragen?
> - **Aussage:** Kinder an deutschen Schulen sollten Schuluniformen tragen.

 3 Formen Sie die Aussagen zu Fragen um.

1. Die Schule sollte erst um 9 Uhr beginnen.

_____

2. Man sollte schon ab 16 wählen dürfen.

_____

3. Im Gesundheitswesen sollte es eine Impfpflicht für bestimmte Krankheiten geben.

_____

4. Autos sollten sofort abgeschafft werden.

_____

Mit Argumenten überzeugen

In einer Diskussion will man die andere Seite mit Argumenten überzeugen. Das sind Begründungen oder Erklärungen. Mit Argumenten kann eine Person in vier Schritten sehr systematisch vorgehen:
- These,
- Begründung,
- Beispiel,
- Folgerung.

Die These

Eine These ist der Standpunkt oder die Behauptung, den man vertritt.

> **Beispiel:** Ich bin gegen Schuluniformen.

Die Begründung

Die Begründung gibt einen Grund für die These.

> **Beispiel:** Schuluniformen machen es schwieriger, sich individuell und frei auszuleben.

Das Beispiel

Ein Beispiel für das Argument macht die These glaubhafter.

> **Beispiel:** Als ich in den USA auf einer Schule mit Schuluniformen war, habe ich mich unwohl gefühlt: Ich konnte mich nicht durch meinen eigenen Stil ausdrücken.

Die Folgerung

Die Folgerung bezieht sich auf den Anfang. Sie bekräftigt die These.

> **Beispiel:** Das ist für mich der wichtigste Grund, Schuluniformen abzulehnen.

In einer Diskussion sagt man so seine Meinung. Wenn zwei Personen diskutieren, sagt zuerst eine Person ihre Argumente und dann reagiert die andere Person darauf mit ihren Argumenten.

Überzeugende Argumente

1 Entscheiden Sie sich für ein Thema, zu dem es unterschiedliche Meinungen gibt. Nennen Sie Ihre These, Ihr Argument, Ihr Beispiel und Ihre Folgerung.

These:

_____

_____

Begründung:

_____

_____

Beispiel:

_____

_____

Folgerung:

_____

_____

Übergänge schaffen

> Für die Begründung, das Beispiel und die Folgerung sind Einleitungswörter sehr wichtig. Einleitungswörter beginnen einen Satz und ermöglichen gute Übergänge. Das kann das Argument überzeugender machen.

 2 Sammeln Sie Einleitungswörter für die Begründung, das Beispiel und die Folgerung.

Begründung	Beispiel	Folgerung
da	zum Beispiel	deswegen

Gut sprechen

Wer gut sprechen kann, ist überzeugender, man glaubt ihm oder ihr schneller. Das gilt in der Politik und im Arbeitsleben, aber auch im Privatleben. Es gibt einige Verhaltensweisen, die uns überzeugender wirken lassen. Sie können sehr gut in einer Diskussion verwendet werden.

 1 Vervollständigen Sie die Sätze mit den angegebenen Wörtern.

roten Faden ■ Gestik und Mimik ■ knapp ■ Pausen ■ Vorbereitung und Übung

Auf die _____ kommt es an.
Die Körpersprache ist bei Diskussionen wichtig. Einerseits lenken zu viele Körperbewegungen von dem Inhalt ab, andererseits kann gezielte Gestik den Inhalt unterstreichen.

_____ sind wichtig.
Diskussionen und freies Sprechen sind Übungssache. Je häufiger Sie frei sprechen und diskutieren, desto besser werden Sie. Das gilt auch für die Vorbereitung: Je besser Sie vorbereitet sind, desto überzeugender sind Ihre Argumente.

Sprechen Sie kurz und _____ .
Bei zu langen Diskussionen wird Ihr Gegenüber irgendwann nicht mehr zuhören. Konzentrieren Sie sich auf die wichtigsten Punkte und benennen Sie diese möglichst deutlich und bildlich. Das wichtigste Argument kommt zum Schluss.

Denken Sie an eine gute Struktur und einen _____ .
Verlieren Sie sich nicht in Geschichten. Ihr Gegenüber oder Ihre Zuhörer sollten immer wissen, worauf Sie hinauswollen. Die Argumente sollten logisch aufeinander folgen. Eine klare Struktur hilft auch Ihnen, weil Sie weniger leicht durcheinanderkommen.

Sprechen Sie deutlich und langsam und machen Sie _____ .
Sie kennen Ihre eigenen Argumente, aber Ihre Zuhörerinnen und Zuhörer oder Ihr Gegenüber nicht. Bauen Sie daher Pausen ein, sprechen Sie laut und deutlich. So können Ihnen die anderen besser folgen.

2 Ergänzen Sie einen weiteren Tipp.

_____
_____
_____

3 Arbeiten Sie zu viert. Überlegen Sie sich ein Thema, zum Beispiel: Ihre Familie, ein bestimmtes Land, einen bestimmten Ort usw.
Präsentieren Sie dieses Thema in einer Minute. Zwei von Ihnen folgen den Tipps aus Aufgabe 1. Zwei von Ihnen machen das Gegenteil und sprechen zum Beispiel sehr schnell.

Eine Klassendiskussion

 2 Führen Sie eine Klassendiskussion. Gehen Sie dabei wie folgt vor:

Vor der Diskussion

- Sammeln Sie Themen, die sich gut für eine Diskussion mit verschiedenen Argumenten eignen, an der Tafel.
- Stimmen Sie ab, über welches Thema Sie diskutieren wollen.
- Formulieren Sie das Thema als Fragestellung oder als Aussage.
- Teilen Sie sich in eine Gruppe, die Argumente dafür hat (Pro-Gruppe) und eine Gruppe, die dagegen ist (Kontra-Gruppe).
- Bestimmen Sie zwei neutrale Moderatoren oder Moderatorinnen.
- Bereiten Sie sich nun in den Gruppen vor und sammeln Sie Ihre Argumente. Halten Sie diese als Stichpunkte zum Beispiel auf kleinen Karten oder Zetteln fest.
- Die Moderatoren oder die Moderatorinnen bereiten sich auf die Moderation der Diskussion vor. Sie leiten die Diskussion und passen auf, dass sich alle beteiligen und fair sind.
- Wählen Sie sowohl in der Pro-Gruppe als auch in der Kontra-Gruppe zwei Sprechende.
- Gestalten Sie Ihren Klassenraum so, dass die Diskutierenden und die Moderatoren oder die Moderatorinnen für alle sichtbar sitzen oder stehen können.
- Bestimmen Sie zwei Schülerinnen oder Schüler, die die Diskussion in Stichworten mitschreiben, also protokollieren.

Während der Diskussion

- Die Diskutierenden und die Moderatoren führen die Diskussion, die Protokollierenden protokollieren.
- Denken Sie an die Gesprächsregeln von Seite 46.
- In den letzten 15 Minuten der Diskussion darf das Publikum Fragen stellen.

Nach der Diskussion

- Geben Sie den Diskutierenden und den Moderatoren Rückmeldung.
- Beschreiben Sie wichtige Momente der Diskussion.
- Beschreiben Sie, ob sich Ihre Meinung verändert hat und wenn ja, warum.
- Nehmen Sie bei Bedarf das Protokoll zur Hilfe.

> **Tipp:**
> Nehmen Sie sich in jeder Rolle viel Zeit für die Vorbereitung. Auch das Publikum kann sich in dieser Zeit vorbereiten und zum Beispiel Fragen notieren.

Rückblick: Wie wirkt meine Sprache?

Vervollständigen Sie die folgenden Sätze. Arbeiten Sie zu zweit oder zu dritt und diskutieren Sie unterschiedliche Ideen. Wenn Sie sich nicht sicher sind, schauen Sie in diesem Kapitel nach.

Zur *Kommunikation* gehört nicht nur der gesprochene Inhalt, sondern auch _____ und

_____.

In der *interkulturellen* Kommunikation ist es zum Beispiel wichtig, _____

_____.

Umkreisen Sie die vier Schritte, die wichtig für ein Argument sind:

| These | Begründung | Beispiel | Folgerung |

Das bleibt

Schauen Sie sich auf Seite 15 noch einmal die Themen dieses Kapitels an. Notieren Sie in Stichpunkten.

Diese Themen fand ich besonders interessant:

_____

_____

_____

_____

Diese Fragen habe ich noch:

_____

_____

_____

_____

3 Lesen, Schreiben, Präsentieren

Lange Texte lesen, Wörter raussuchen, schreiben, Präsentationen halten – ich hätte nie gedacht, dass mir das mal Spaß macht.

Ja, ich auch nicht. Ich find es auch richtig gut.

Worum es in diesem Kapitel geht:

Wie schlage ich in Büchern richtig nach?

Wie kann ich schneller und besser lesen?

Wie kann ich Texte besser verstehen?

Wie finde ich Informationen?

Wie kann ich eine gute Präsentation erstellen?

Wie schreibe ich einen Bericht?

Wörter nachschlagen: Nomen

1 Lesen Sie den folgenden Text. Arbeiten Sie dann in Gruppen. Erklären Sie die alphabetische Ordnung in eigenen Worten. Nennen Sie ein Beispiel. Vergleichen Sie die Erklärungen in der Klasse.

Die alphabetische Ordnung

In einem gedruckten Wörterbuch sind die Wörter alphabetisch geordnet. Zuerst werden sie nach dem Anfangsbuchstaben der Wörter sortiert. Dann werden alle Wörter, die zum Beispiel mit „A" beginnen, nach dem zweiten Buchstaben sortiert. Alle Wörter mit „Ab" werden nach dem dritten Buchstaben sortiert und so weiter.

2 Arbeiten Sie in der Gruppe weiter. Ordnen Sie die Wörter in der Reihenfolge, wie sie im Wörterbuch stehen.

Billard ■ Batterie ■ Badezimmer ■ Ball ■ Boxer				
1.	2.	3.	4.	5.

3 Lesen Sie den untenstehenden Text und ergänzen Sie die Wörter.

Informationen ■ zweisprachige ■ Vorteil ■ schwieriger ■ Online-Wörterbücher ■ Muttersprache

Worterklärungen nachschlagen

Es gibt verschiedene Arten von Wörterbüchern: gedruckte Wörterbücher und _____,

einsprachige und _____ Wörterbücher.

In zweisprachigen Wörterbüchern stehen die Wörter zum Beispiel auf Deutsch und in einer anderen Sprache.

Sie sind für Leute gedacht, deren _____ nicht Deutsch ist. Das Nachschlagen von

Wörtern aus dem Deutschen in die andere Sprache ist meistens einfach. Von der anderen Sprache ins

Deutsche ist es _____. Man kann das neue Wort oft nicht richtig verwenden. Dafür

braucht man grammatikalische _____ und Beispielsätze. Das gibt es nicht in allen

zweisprachigen Wörterbüchern.

Einsprachige Wörterbücher (deutsch-deutsch) sind für Muttersprachler und Nicht-Muttersprachler geeignet.

Sie helfen, Wörter zu verstehen und richtig zu benutzen. Es ist daher ein großer _____,

wenn Sie ein gutes einsprachiges Wörterbuch kennen. Und wenn Sie wissen, wie Sie damit arbeiten.

4 Schlagen Sie die folgenden Wörter nach. Dies können Sie online (im Internet) oder analog (in einem Wörterbuch) machen. Notieren Sie eine Erklärung und schreiben Sie je einen Beispielsatz.

1. Lampenfieber

_____

_____

2. Intuition

_____

_____

3. Schlüsselwort

_____

_____

Chro|no|me|ter, das oder der <-s, -> exaktes Zeitmessgerät, genau gehende Uhr

- Artikel (der, die, das)
- Genitivendung
- Pluralendung
- Bedeutung

Die Reihenfolge der Informationen ist im Wörterbuch immer gleich: Artikel, Genitiv, Plural.

---

5 Kreuzen Sie die richtigen Artikel an. Manchmal sind mehrere Antworten richtig. Schlagen Sie dazu im (Online-)Wörterbuch nach.

- ○ der ○ die ○ das Gebäude
- ○ der ○ die ○ das Joghurt
- ○ der ○ die ○ das Laptop
- ○ der ○ die ○ das Kiefer
- ○ der ○ die ○ das Radiergummi
- ○ der ○ die ○ das Cola

6 Wie lautet der Plural zu folgenden Nomen? Schlagen Sie nach und notieren Sie.

das Museum: _____   die Pizza: _____

das Praktikum: _____   der Rhythmus: _____

das Gebirge: _____   das Virus: _____

das Visum: _____   das Theater: _____

Wörter nachschlagen: Verben

Informationen zur Grammatik helfen, ein unbekanntes Verb richtig zu verwenden und den Satz richtig zu bilden. Informationen sind zum Beispiel:
- Wie bildet man die Zeitformen richtig?
- Steht das Verb mit Akkusativ oder Dativ?
- Steht es mit „sich"?
- Hat das Verb eine Präposition? Wenn ja, welche?

Zeitformen

In einem Wörterbuch steht bei Verben als erstes der *Infinitiv* (Grundform). Anschließend zum Beispiel die du-Form in der Gegenwart, dann die er/sie/es-Form im *Präteritum* (erste Vergangenheit) und zum Schluss das *Perfekt* (2. Vergangenheit). In einigen Wörterbüchern stehen weitere Formen.

Beispiel: tragen – du trägst – er/sie/es trug – er/sie/es hat getragen

1 Schreiben Sie die Sätze im Perfekt. Schlagen Sie dazu die Verben im Wörterbuch nach.

1. Das Eis zerrinnt in der Sonne. Das Eis ist in der Sonne zerronnen.

2. Er gestikuliert mit den Händen. _____

3. Die Blumen sprießen. _____

4. Die Kerze glimmt nur noch schwach. _____

Verben mit Akkusativ, Dativ und „sich"

Um ein Verb richtig verwenden zu können, müssen Sie wissen, ob es mit Akkusativ oder Dativ steht. Im Wörterbuch lesen Sie oft Abkürzungen wie „jmdn." oder „jmdm."
jn./jdn./jmdn. = jemanden → Akkusativ
jm./jdm./jmdm. = jemandem → Dativ

Manche Verben haben außerdem unterschiedliche Bedeutungen, wenn sie mit oder ohne „sich" stehen.

Beispiel:
vorstellen:
1. zeigen, präsentieren, vorführen
   Verb mit Objekt im Akkusativ: jemand stellt etwas/jemanden vor

2. Zusammensetzung mit „sich": ausdenken, sich denken
   Jemand stellt sich etwas/jemanden vor

2 Schreiben Sie einen Satz mit „vorstellen" mit einem Objekt. Schreiben Sie einen zweiten Satz mit „vorstellen" und „sich".

1. _____

2. _____

3 Suchen Sie die folgenden Verben im Wörterbuch. Kreuzen Sie an, ob sie mit Akkusativ oder Dativ, mit oder ohne „sich" stehen. Schreiben Sie dazu Beispielsätze.

	Akkusativ	Dativ	sich
vergeben	○	○	○
meiden	○	○	○
verlassen (zwei Möglichkeiten)	○	○	○
ausruhen	○	○	○

Präpositionen

Einige Verben haben feste *Präpositionen* (Verhältniswörter). Sie finden sie ebenfalls im Wörterbuch. Es gibt Verben, die mit mehr als einer Präposition stehen können. Je nach Präposition hat das Verb eine unterschiedliche Bedeutung.

Beispiel:
bestehen <u>auf</u>: beharren auf …
bestehen <u>aus</u>: zusammengesetzt sein aus …

4 Notieren Sie zu folgenden Verben die möglichen festen Präpositionen:

1. sich freuen _____

2. jemanden überzeugen _____

3. teilnehmen _____

Schlagzeilen verstehen: Nominalstil

Eine Schlagzeile ist eine auffällige Überschrift eines Artikel, zum Beispiel in der Zeitung. Sie ist kurz und nennt mit wenigen Worten die wichtigsten Informationen. Eine Technik, um kurze Schlagzeilen zu schreiben, ist der Nominalstil: Man schreibt keinen ganzen Satz, sondern man verwendet *Nomen* (Hauptwörter, Substantive).

1 Verbinden Sie die Schlagzeilen im Nominalstil auf der linken Seite mit den passsenden Sätzen auf der rechten Seite.

1. Gehaltsforderungen erfolgreich	a) Jemand ist vor fünftausend Menschen aufgetreten.
2. Verkürzung der Arbeitszeit in Sicht	b) In Hamburg haben Menschen protestiert.
3. Auftritt vor 5 000 Fans	c) Arbeitnehmer bekommen mehr Geld.
4. Landtagswahl in Hessen	d) Bald können die Mitarbeiter weniger Stunden arbeiten.
5. Proteste in Hamburg	e) Mehr Menschen interessieren sich für Büchereien.
6. Interesse an Bibliotheken steigt	f) In Hessen wählen die Bürger das Landesparlament.

___
___
___
___
___
___

2 Ergänzen Sie das richtige Nomen.

> Überprüfung ■ Zuckergehalt ■ Untersuchung ■ Interesse ■ Armut

1. Es gibt mehr arme Menschen in Deutschland. _____ wächst

2. Forscher untersuchten Verhalten von Tieren. Neue _____ zum Tierverhalten

3. Lebensmittel enthalten mehr Zucker als früher. _____ in Lebensmitteln steigt

4. Viele Menschen interessieren sich für Computerspiele. Hohes _____ an Computerspielen

5. Bäckereien in Bayern wurden vom Gesundheitsamt überprüft. _____ von Bäckereien in Bayern

Eine Schlagzeile soll kurz sein und das Thema genau vorstellen. Sie soll den wichtigsten Punkt des Artikels wiedergeben und Interesse wecken. Sie ist gut geschrieben, wenn möglichst viele Menschen diesen Artikel lesen möchten.

3 Schreiben Sie zu jedem Artikel eine Schlagzeile.

Erfurt. Mehr als 300 Mäuse, Ratten und Meerschweinchen hat die Autobahnpolizei am vergangenen Wochenende aus einem Lkw befreit. Die Tiere sind illegal befördert worden und hatten nicht genügend Futter und Wasser. Dementsprechend waren sie geschwächt und stark gestresst. Zurzeit werden sie auf fünf Tierheime im Umkreis verteilt. Wer die Verantwortlichen für den illegalen Tiertransport sind, ist noch unklar.

Hamburg. Am Millerntor geht die Party los: Der FC St. Pauli hat den Klassenerhalt geschafft. Etwa 6000 Fans feiern rund um das Heiligengeistfeld. Autokonvois mit jubelnden Fans ziehen durch das Viertel, St. Pauli ist im Ausnahmezustand.

München. In diesem Sommer ist das Müllproblem an der Isar aktuell wie nie zuvor. Anwohner und Isarbesucher beschweren sich über die großen Mengen Müll, die auf Partys und Grillfeiern jeden Abend am Flussufer zurückgelassen werden. „Man kann gar nicht mehr mit dem Hund spazieren gehen", meint eine 46-jährige Münchnerin. „Wer weiß, was der alles frisst bei den ganzen Fleisch- und Essensresten, die hier rumliegen."

Grömitz. Unfassbarer Vorgang am Ostseestrand. Badegäste haben einen jungen Schweinswal umkreist, an der Oberfläche gehalten, gestreichelt und umarmt. Der streng geschützte Meeressäuger starb. Nach bisherigen Erkenntnissen haben die Erwachsenen dann mehr als 20 Kinder ins Wasser gerufen, die den kleinen Wal ebenso festgehalten, umarmt und gestreichelt haben, so die Pressesprecherin der Polizei. Es wurden viele Foto mit Handys gemacht. Sie dienen jetzt als Beweis. Die Polizei ermittelt.

Schlagzeilen: Personen und Handlungen

Personen bezeichnen

Passend zum Nominalstil werden in Schlagzeilen auch Personen oft nur mit einem kurzen Ausdruck bezeichnet. Das kennen Sie auch aus der Alltagssprache.

Beispiel:
der kleine Junge: der Kleine
ein Mensch, der mir bekannt ist: ein Bekannter, eine Bekannte

1 Formulieren Sie die Ausdrücke wie in den Beispielen um.

1. der alte Mann: _____
2. ein Mensch, der mir fremd ist: _____
3. eine kranke Frau: _____
4. die armen Leute: _____

2 Markieren Sie in der Tabelle, wo die Beispiele aus Aufgabe 1 stehen müssten.

Tipp:
Achten Sie auf die Endung.

	Singular (Einzahl) männlich	Singular (Einzahl) weiblich	Plural (Mehrzahl)
Nominativ		die/	die Bekannten, viele
Genitiv	des/eines Bekannten	der/einer Bekannten	der Bekannten, vieler Bekannter
Dativ	dem/einem Bekannten	der/einer Bekannten	den Bekannten, vielen Bekannten
Akkusativ	den/einen Bekannten	die/eine Bekannte	die Bekannten, viele Bekannte

3 Lesen Sie die Schlagzeilen. Markieren Sie die Wörter, die für Personen stehen.

1. Fünf _____ bei Hausbrand
2. Zahl der _____ steigt
3. _____ an Tankstelle festgenommen
4. _____ fordern mehr Rechte
5. Drei _____ mit Luftmatratze auf Nordsee abgetrieben
6. Von _____ zu Tode gestreichelt
7. _____ fährt gegen Baum

4 Kreuzen Sie an, ob es um einen Mann, eine Frau oder um mehrere Personen geht.

	ein Mann	eine Frau	mehrere Personen
Unbekannter beschmiert Rathaus	○	○	○
Reisende telefonieren günstiger	○	○	○
Berufstätige haben weniger Zeit	○	○	○
Vorgesetzte lobt Mitarbeiter	○	○	○

Handlungen beschreiben

Schlagzeilen und Sätze lassen sich unterschiedlich schreiben. Geht es um eine Person, die etwas macht, schreibt man einen Aktivsatz.

Beispiel: Bekannte betrügen einen Betrunkenen.

Geht es darum, was gemacht wird, schreibt man einen Passivsatz.

Beispiel: Ein Betrunkener wurde von Bekannten betrogen.

In der Schlagzeile heißt es kurz: Betrunkener von Bekannten betrogen.

 5 Formulieren Sie die Schlagzeilen in Aktivsätze um. Achten Sie auf die Endung: Sie sagt Ihnen, ob es um einen Mann, eine Frau oder mehrere Personen geht.

1. Überlebende von Unbekannten gerettet.

Unbekannte haben Überlebende gerettet.

2. Auszubildende von Vorgesetzter informiert

_____

3. Anwesende von Vorsitzendem ermahnt

_____

4. Berufstätige von Demonstranten aufgehalten

_____

5. Vermisster von 17-Jähriger ins Krankenhaus zurückgebracht

_____

6. Junger Wal von Badegästen zu Tode gestreichelt

_____

Lesetechniken: Überfliegen und Information suchen

> Es gibt verschiedene Arten, einen Text zu lesen. Manchmal braucht man bestimmte Informationen, manchmal muss man den Inhalt gut verstehen.

Überfliegen

 1 Ergänzen Sie im Text die passenden Wörter aus dem Kasten. Fassen Sie dann den Text in eigenen Worten zusammen.

Frage ■ überfliegt ■ Text ■ entscheiden ■ wichtigsten

Beim Überfliegen liest man einen _____ schnell. Danach kann man _____, ob man ihn noch einmal genauer lesen möchte. Aber das macht man nur, wenn er interessant ist oder eine bestimmte _____ beantwortet. Wie _____ man einen Text? Man liest nicht jedes Wort genau. Man sucht beim Lesen die _____ Wörter.

2 Überfliegen Sie die Texte und ordnen Sie die Überschriften zu.

Trend zum Selbermachen ■ Insektensterben in Deutschland ■ Vegane Ernährung

1. _____

In ganz Deutschland ist es laut Naturschutzbund Deutschland (NABU) innerhalb der letzten 30 Jahre zu einem massiven Rückgang an Fluginsekten gekommen. Vor allem der Einsatz von Pestiziden hat zur Folge, dass immer mehr Insektenarten vom Aussterben bedroht sind. Aber auch der Zerstörung von Lebensraum fallen viele Insekten zum Opfer. Und mit den Insekten sind auch viele andere Tierarten in Gefahr, wie z. B. insektenfressende Vögel.

2. _____

Tischlern, basteln, stricken, häkeln, pflanzen, kochen: Die Tendenz zum Selbermachen hat in den letzten Jahren stark zugenommen. Dabei steht der Spaß am Machen im Mittelpunkt: Wer ein neues Projekt in Angriff nimmt, hat eine Aufgabe. Und wer es zum Abschluss bringt, ein einzigartiges, handgefertigtes Objekt. Ein weiterer Grund für den Trend kann die Ruhe sein, zu der man beim Basteln und Werkeln kommt.

3. _____

Wie lebt es sich ohne Fleisch, Fisch, Eier und Milch? „Ziemlich normal, wenn man sich erst mal daran gewöhnt hat", sagt Cindy aus Leipzig. Für sie spielen gesundheitliche Gründe eine Rolle, aber wichtiger sind ihr Tier- und Umweltschutz und eine gerechte Verteilung von Nahrungsmitteln auf der Welt. „Wenn wir jeden Tag Fleisch essen, stehen nicht genügend Nahrungsmittel für alle zur Verfügung."

> Sie haben sicher gemerkt: Auch wenn Sie nicht jeden Satz und jedes Wort verstanden haben, konnten Sie die Überschriften wahrscheinlich richtig zuordnen.

Punktuell lesen

> Wenn man in einem Text nur ganz bestimmte Informationen sucht, muss man nicht den ganzen Text genau lesen. Überfliegen Sie ihn, bis Sie zu der gesuchten Information kommen. Diese Stelle lesen Sie dann genau.

3 Bestimmte Ausdrücke sind immer gleich aufgebaut: aus einem Nomen und einem Verb. Suchen Sie auf der vorangehenden Seite in den Texten 1–3 den vollständigen Ausdruck. Markieren Sie ihn und ergänzen Sie unten.

zur Folge haben

eine Rolle _____

zum Abschluss _____

in Gefahr _____

in Angriff _____

zum Opfer _____

zur Verfügung _____

zur Ruhe _____

4 Lesen Sie die Fragen. Markieren Sie dann in den Texten 1–3 die gesuchten Informationen.

1. Welche anderen Tiere sind gefährdet, wenn die Insekten sterben?
2. Was steht beim Selbermachen im Mittelpunkt?
3. In welcher Stadt lebt Cindy?

5 Beantworten Sie die Fragen aus Aufgabe 4 in ganzen Sätzen.

Texte richtig verstehen: Die 2-Schritt-Lesemethode

1 Überfliegen Sie den folgenden Text und markieren Sie Wörter und Sätze, die Sie nicht verstehen. Arbeiten Sie dann in Gruppen mit dem Wörterbuch. Notieren Sie neue Wörter und ihre Bedeutung.

Parkour: Die Überwindung des Raums

Ben nimmt Anlauf, springt an die 3 Meter hohe Wand, die er in einer leichten Bewegung erklimmt, lässt sich auf der anderen Seite auf ein Treppengeländer herunter, balanciert kurz und springt dann über einen Treppenschacht. „Beim Parkour geht es darum, sich in einer direkten Linie durch den Raum zu bewegen und die Hindernisse, die es zwischen dir und dem Ziel gibt, effektiv zu überwinden", sagt der 24-Jährige.

Heute trainiert er alleine, aber mindestens einmal in der Woche trifft er sich mit seiner Parkourgruppe in der Innenstadt. „Jeder und jede kann mit uns trainieren. Es ist ganz egal, ob du sportlich bist oder wie alt du bist." Wettbewerbsdenken spielt dabei keine Rolle. „Es geht niemals darum, wer besser oder schlechter ist."

Die Sportart wurde in den späten 80ern von Raymond Belle, seinem Sohn David und anderen in Frankreich entwickelt. David Belle übertrug sie dann auf die urbane Landschaft von Paris. Ab Ende der 90er wurde der Sport durch Filme und Videoclips bekannter und fand immer mehr Anhänger.

Ob Parkour gut für die Gesundheit ist, fragen wir Ben. „Wir achten sehr auf die Gesundheit. Wir wärmen uns vor jedem Training auf, damit wir unsere Gelenke nicht so belasten." Risiken geht niemand ein, sagt er. „Man macht beim Parkour nur Sprünge, die man schafft. So kommt man vielleicht langsam voran, aber man verletzt sich dafür nicht."

Warum wird Parkour von einigen als Kunst oder Philosophie verstanden? „Es geht nicht nur um körperliche Fitness, sondern auch um die Rückeroberung des urbanen Raumes. In der Stadt sind nur Sitzen, Gehen und Stehen normal. Springen, Klettern und Hangeln dagegen wirkt auf viele Leute unnormal. Aber wir möchten nicht in einer Stadt leben, in der man nur draußen sitzt und Kaffee trinkt. Wir wollen uns bewegen dürfen."

2 Lesen Sie den Text noch einmal. Markieren Sie nun die wichtigsten Informationen in einer anderen Farbe. Ordnen Sie die Nummern der Überschriften aus dem Kasten den Absätzen zu.

1. Parkour als Rückeroberung der Stadt ■ 2. Parkour für Alle
3. Gesundheit ■ 4. Bewegung in direkter Linie ■ 5. Geschichte des Parkour

> Wenn man einen Text genau verstehen möchte, muss man ihn oft zweimal lesen. Man wendet die 2-Schritt-Lesemethode an, wie Sie es auch gerade getan haben: Erst überfliegt man den Text und klärt Wörter. Dann liest man ihn noch einmal gründlich oder man sucht gezielt bestimmte Informationen.

3 Beantworten Sie folgende Fragen in ganzen Sätzen.

1. Worum geht es in dem Text?

_____

_____

2. Wer hat Parkour auf die Stadt übertragen?

_____

_____

3. Welche Bewegungsformen werden in der Stadt als unnormal angesehen?

_____

_____

4. Nachdem Sie den Text gelesen haben: Wäre Parkour für Sie selbst interessant? Warum/Warum nicht?

_____

_____

_____

Texte besser verstehen mit W-Fragen

 1 Überfliegen Sie den Bericht und markieren und notieren Sie unbekannte Wörter. Schlagen Sie sie im Wörterbuch nach.

Fliegerbombe in Dresden entschärft

Am Dienstagvormittag wurde bei Bauarbeiten im Dresdner Stadtteil Löbau eine fünf Zentner schwere Fliegerbombe aus dem Zweiten Weltkrieg gefunden. Mehrere angrenzende Straßenzüge mussten für die Entschärfungsarbeiten evakuiert werden, darunter auch eine Kita und ein Pflegeheim. Insgesamt waren es fast 9 000 Menschen. Zeitweise waren *dafür* 1 000 Polizisten im Einsatz.

Nach erfolgter Evakuierung konnte der Kampfmittelbeseitigungsdienst mit der Entschärfung beginnen. *Die* erwies sich allerdings als ungewöhnlich kompliziert, und es kam zu einer Teildetonation. Anschließend musste ein Löschroboter die Bombe über mehrere Stunden herunterkühlen, bevor die Arbeiten weitergehen konnten.

Am Donnerstagmittag war die Bombe schließlich entschärft, und die Anwohner konnten in ihre Wohnungen zurückkehren. Statt der geplanten fünf Stunden hatten *sie* zwei Tage lang ihre Wohnungen nicht betreten dürfen. Die meisten von *ihnen* waren in einer Notunterkunft auf dem Messegelände untergekommen.

___

___

___

___

___

___

Lesemethode: W-Fragen stellen

Diese Methode hilft Ihnen, einen Text besser zu verstehen und wiederzugeben.
W-Fragen helfen, die wichtigsten Informationen aus dem Text zu filtern und den Zusammenhang im Text zu verstehen.

Was?
Wer?
Wann?
Wo? Wie?
Warum?
Welche Folgen?

2 Lesen Sie den Text noch einmal und beantworten Sie die W-Fragen.

Was ist passiert? (1 Satz) _____

_____

_____

Wer war dabei? _____

_____

Wann war das? _____

_____

Wo war das? _____

_____

Wie ist es passiert? _____

_____

_____

_____

Warum ist es passiert? _____

_____

_____

Welche Folgen hat es? _____

_____

3 Suchen Sie im Text die *kursiv* geschriebenen Wörter. Sie beziehen sich auf etwas, das im Text davor genannt wurde. Notieren Sie, worauf.

1. dafür: für die Evakuierung

2. Die: _____

3. Sie, ihnen: _____

Mindmapping

Mindmapping ist eine Methode, um Gedanken zu sammeln und zu sortieren. Man kann mit Mindmapping zum Beispiel

- Ideen sammeln,
- Texte zusammenfassen, die man gerade gelesen hat,
- etwas planen,
- für Prüfungen lernen.

Die Gedanken werden nicht als Text, sondern als Begriffe oder Schlagwörter aufgeschrieben und miteinander vernetzt. So entsteht eine Art Landkarte (Map).
Man muss keine bestimmte Reihenfolge einhalten, sondern kann viele Gedanken aufschreiben, die wieder zu neue Ideen anregen. Gedanken, die man sich als Netz aufgeschrieben hat, kann man sich auch besser merken. Daher hilft das Mindmapping beim Lernen.

 1 Schauen Sie sich die Mindmap an. Erweitern Sie sie. Notieren Sie so viele Wörter, wie Ihnen einfallen.

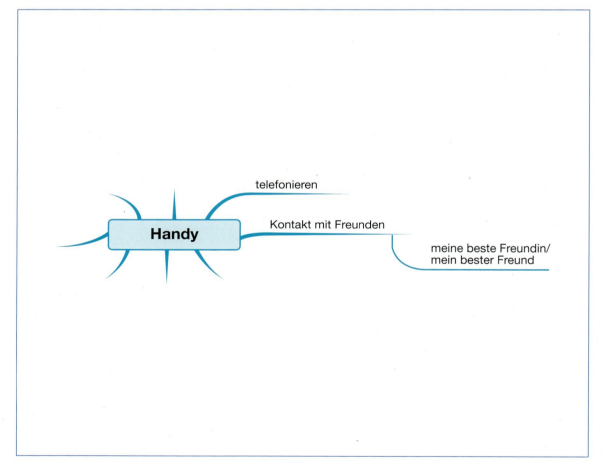

 2 Vergleichen Sie Ihre Ideen mit denen Ihres Sitznachbarn oder Ihrer Sitznachbarin.

 3 Berichten Sie in der Klasse, ob Ihnen die Mindmap beim Ideenfinden geholfen hat.

Die Menschen in meinem Leben

Ich bin Anna und wohne noch bei meinen Eltern in Bochum. Ich nenne sie bei ihren Vornamen, was manche Leute seltsam finden. Sie heißen Heike und Gerd. Dann habe ich noch zwei Schwestern, Sandra und Ulla. Ulla wohnt nicht mehr zu Hause, sie ist schon 24. Heikes Bruder wohnt auch bei uns, in einem Anbau, wo er seine Ruhe hat, wie er sagt. Und eigentlich wohnt Sandras beste Freundin Hannah auch fast bei uns, sie ist jeden Tag da. Ich habe drei beste Freunde: Kevin, Melli und Brian. Eigentlich bin ich auch mit Brians großer Schwester befreundet, mit Alina. Aber Alina und Melli verstehen sich nicht gut, darum machen wir selten etwas mit allen zusammen. Manchmal kommt uns Opa für ein paar Tage besuchen, das ist der Vater von Gerd. Den mag ich gern, er ist lustig und entspannt.

 4 Lesen Sie den Text oben. Schreiben Sie dazu eine Mindmap. In der Mitte steht Anna. Die anderen Personen stehen in eigenen Kreisen. Verbinden Sie die Kreise und schreiben Sie zu den Verbindungen, in welcher Beziehung die Personen stehen.

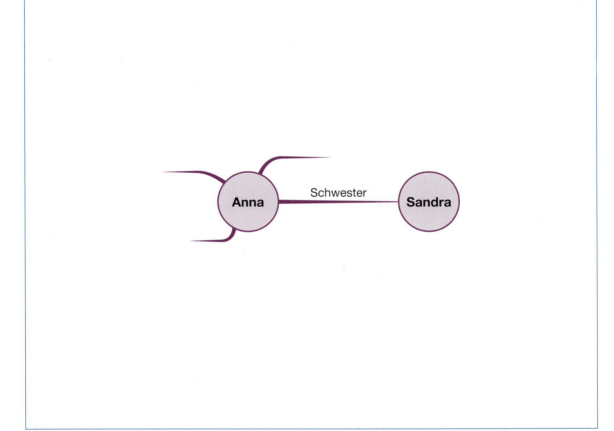

5 Besprechen Sie mit anderen, ob Ihnen das Mindmapping beim Textverständnis geholfen hat.

Tipp:
Wenn Sie Sachtexte lesen und eine Mindmap erstellen, achten Sie auf Oberbegriffe und Unterbegriffe. Der Oberbegriff „Tier" beinhaltet zum Beispiel die Unterbegriffe „Ameise", „Hund" und „Ente".

Berichte schreiben: Chronologie

Wenn man einen Bericht schreiben möchte, braucht man ein Thema und eine Struktur.
- Ideen für ein Thema kann man gut mit einer Mindmap entwickeln.
- Bei der Struktur helfen Ihnen
    1. W-Fragen: Dadurch denken Sie an alle wichtigen Informationen. Unwichtige Informationen lassen Sie weg.
    2. Eine chronologische Erzählweise: Chronologisch bedeutet, dass man in der Reihenfolge erzählt, wie etwas passiert ist.

 1 Lesen Sie die Berichte A–C. Bewerten Sie für jeden Bericht die Verständlichkeit. Beantworten Sie dann die Fragen.

Bericht A: Ich bin hier vor zwanzig Minuten aus dem Supermarkt gekommen, da war mein Fahrrad weg. Ich habe eingekauft, weil ich nichts mehr zu essen zu Hause hatte. Gestern hatte ich Besuch und da haben wir alles verbraucht. Außerdem war die Milch nicht mehr gut. Mein Fahrrad war abgeschlossen, aber nicht angeschlossen.

○ verständlich   ○ halb verständlich   ○ unverständlich

1. Gibt es unwichtige Informationen, die nicht zur Geschichte passen?   ○ ja   ○ nein
2. Ist die Geschichte chronologisch erzählt?   ○ ja   ○ nein
3. Welche W-Fragen wurden nicht beantwortet? _____

Bericht B: Sie ist einfach reingekommen, und dann hat sie gleich angefangen. Ich konnte gar nichts machen. Sie wollte nicht aufhören. Es war total laut und stressig. Die Hunde haben auch angefangen zu bellen. Ich bin an dem Tag noch nicht mit ihnen draußen gewesen. Dann ist sie rausgelaufen und sie sind zusammen wieder reingekommen, und da ging es erst richtig los.

○ verständlich   ○ halb verständlich   ○ unverständlich

1. Gibt es unwichtige Informationen, die nicht zur Geschichte passen?   ○ ja   ○ nein
2. Ist die Geschichte chronologisch erzählt?   ○ ja   ○ nein
3. Welche W-Fragen wurden nicht beantwortet? _____

Bericht C: Ich bin die Königsstraße runtergelaufen, da ist mir der ältere Herr aufgefallen. Er hielt sich an der Wand fest. Dann sah es aus, als wollte er sich hinsetzen. Aber es gab keine Sitzgelegenheit. Ich bin zu ihm gegangen und habe gefragt, ob ich ihm helfen kann. Er sagte, ihm sei schwindelig. Ich habe ihn zu einem Mauervorsprung geführt, wo er sich setzen konnte. Er sagte, es liegt an seinen Tabletten. Dann habe ich den Notarzt gerufen. Die haben ihn dann mitgenommen. Das war vor 15 Minuten.

○ verständlich   ○ halb verständlich   ○ unverständlich

1. Gibt es unwichtige Informationen, die nicht zur Geschichte passen?   ○ ja   ○ nein
2. Ist die Geschichte chronologisch erzählt?   ○ ja   ○ nein
3. Welche W-Fragen wurden nicht beantwortet? _____

2 Denken Sie an ein Erlebnis. Es kann wirklich passiert sein oder ausgedacht. Beantworten Sie zu Ihrem Erlebnis die W-Fragen in ganzen Sätzen. Achten Sie bei Frage 5 auf die Chronologie.

1. Was ist passiert? _____

_____

2. Wer war dabei? _____

_____

3. Wann war das? _____

_____

4. Wo war das? _____

_____

5. Wie ist es passiert? _____

_____

_____

_____

6. Warum ist es passiert? _____

_____

_____

7. Welche Folgen hat es? _____

_____

_____

3 Erzählen Sie mithilfe Ihrer Notizen in 3er- oder 4er-Gruppen Ihre Geschichte. Ihre Mitschülerinnen und Mitschüler achten darauf, ob alle W-Fragen beantwortet sind.

Texte ordnen und vervollständigen

Mit den W-Fragen ordnen Sie den Inhalt eines Textes. Aber auch die Sprache ordnet den Text: zum Beispiel mit Wörtern zur Reihenfolge, für Personen und mit Bindewörtern.

 1 Arbeiten Sie in 3er-Gruppen. Jedes Gruppenmitglied liest eines der folgenden Beispiele und die Erklärung. Erklären Sie sich dann gegenseitig Ihre Beispiele genau.

Signalwörter für die Reihenfolge

> **Beispiel:**
> Zuerst bin ich in mein Zimmer gegangen. Dann habe ich mit meinen Freunden telefoniert. Am Ende ging es mir besser.

Die Wörter „zuerst", „dann" und „am Ende" zeigen die zeitliche Reihenfolge.

Pronomen/Fürwörter

> **Beispiel:**
> Ich wollte mit meiner Schwester und meinem Bruder sprechen. Aber sie war nicht zu Hause und er hatte keine Zeit dafür.

Die Wörter „sie" und „er" beziehen sich auf die Schwester und den Bruder. Die beiden müssen vorher genannt werden, damit der Text verständlich ist. Das Wort „dafür" bezieht sich auf das Gespräch.

Satzverbindungen

> **Beispiel:**
> Ihr Freund wollte, dass sie ihm bei den Hausaufgaben hilft. Aber sie hatte keine Lust.

„Aber" zeigt, dass es einen Widerspruch gibt. Es muss also davor eine Aussage geben, die zu dem Satz mit „aber" im Widerspruch steht.

 2 Lesen Sie die Sätze. Ordnen Sie je zwei Sätze zu, die zusammen gehören. Notieren Sie sie in der richtigen Reihenfolge.

> 1. Der Lehrer hat Kevin gefragt, wer das Klassenbuch genommen hat.
> 2. Frank wollte nicht, dass Lotte von seinem Vorhaben wusste.
> 3. Aber er hat nichts dazu gesagt.
> 4. Aber am Abend ging es ihr wieder besser.
> 5. Am Morgen hatte Johanna noch Halsschmerzen.
> 6. Deshalb hat er ihr nichts gesagt.

3 Lesen Sie die Sätze. Ordnen Sie sie dann so, dass sie einen verständlichen Text ergeben. Nummerieren Sie dafür die Sätze.

☐ Aber Rotkäppchen hörte nicht auf ihn und blieb auf dem Weg.

☐ Eines Morgens sagte die Mutter zu Rotkäppchen:

☐ Stattdessen ging sie bis zum Haus ihrer Großmutter, wie es die Mutter gesagt hatte.

☐ Aber bleib immer auf dem Weg."

☐ Dort begegnete sie dem Wolf, der auf sie wartete.

☐ „Die Großmutter ist krank. Geh zu ihr und bring ihr etwas zu essen.

☐ Als sie dort ankam, sah sie jemanden im Bett liegen.

☐ Da ging Rotkäppchen in den Wald.

☐ Er versuchte, sie vom Weg wegzulocken.

4 Schreiben Sie den Schluss der Geschichte. Sie können sie so erzählen, wie Sie sie kennen. Oder Sie denken sich selbst ein Ende aus.

Texte schreiben und überarbeiten

Wer einen Text schreibt, ist oft nicht gleich beim ersten Versuch zufrieden. Man muss ihn noch überarbeiten. Dazu schaut man nach dem Schreiben,
- ob alle Sätze verständlich sind und logisch zusammenhängen.
- ob Rechtschreibung und Grammatik richtig sind.

Der oder die Schreibende kann den Text selbst überarbeiten. Oft ist es auch gut, wenn eine andere Person dabei hilft. Sie sieht nur den Text und weiß nicht, was der oder die Schreibende eigentlich sagen wollte. Die Person kann sachlich und respektvoll Verbesserungsvorschläge machen. Der oder die Schreibende entscheidet dann selbst, ob er oder sie die Vorschläge annimmt oder nicht. Das Ziel ist, dass Leser und Leserinnen den Text so verstehen, wie er gemeint ist.

 1 Schreiben Sie ein kurzes Märchen mit mindestens zehn Sätzen auf diese und die nächste Seite. Die Vorschläge im Kasten helfen Ihnen, eine Idee zu finden. Sie können auch ein anderes Thema wählen. Achten Sie beim Schreiben auf die Logik und die zeitliche Reihenfolge. Benutzen Sie zum Schreiben einen Bleistift.

Schneewittchen ■ Hans im Glück ■ Der Fischer und seine Frau ■ Aschenputtel ■ Alibaba ■ Hänsel und Gretel ■ Sindbad, der Seefahrer

 2 Arbeiten Sie in Dreiergruppen. Tauschen Sie Ihre Texte. Jedes Gruppenmitglied liest den Text von einem anderen Gruppenmitglied und markiert
- Fehler
- und unverständliche Stellen.

Ihre Anmerkungen dazu schreiben Sie in die Zeile darunter.

 3 Lesen Sie die Anmerkungen Ihres Mitschülers oder Ihrer Mitschülerin. Überarbeiten Sie Ihren Text. Dabei können Sie selber entscheiden, welche Vorschläge Sie annehmen.

Kurzes Märchen

_____

Anmerkungen: _____

_____

Anmerkungen: _____

_____

Anmerkungen: _____

Anmerkungen:

Anmerkungen:

Anmerkungen:

Anmerkungen:

Anmerkungen:

Anmerkungen:

Anmerkungen:

Anmerkungen:

Anmerkungen:

Präsentieren: Was, wie und warum?

In der Schule bekommen Sie regelmäßig die Aufgabe, Präsentationen zu erstellen. Dabei trainieren Sie Fertigkeiten, die privat und beruflich sehr nützlich sein können.

1 Notieren Sie Stichwörter zu folgenden Fragen und vergleichen Sie dann in der Klasse:
- Welche Fertigkeiten trainieren Sie, wenn Sie Präsentationen halten?
- In welchen anderen Situationen sind diese Fertigkeiten für Sie nützlich?

2 Erzählen Sie in der Klasse, wie es Ihnen bei Präsentationen geht und was Sie gegen Unsicherheit machen.

3 Üben Sie die Situation in der Klasse: Gehen Sie einzeln nach vorne. Sagen Sie in einem Satz, wie Sie heißen und was Ihre Hobbys sind. Schauen Sie dabei Ihre Mitschülerinnen und Mitschüler an.

Beispiel:
„Ich heiße Sina und ich zeichne gerne Comics."

Bei einer Präsentation stehen Sie vor Zuhörern und wollen ihr Interesse wecken. Bereiten Sie die Präsentation daher gut vor. Wählen Sie ein Thema, das Sie selbst sehr interessiert. Das merken auch die Zuhörer.

4 Markieren Sie einen Themenbereich aus dem Kasten, der Sie interessiert. Notieren Sie für Ihre Präsentation ein konkretes Thema aus diesem Themenbereich:

■ Film ■ Musik ■ Sport ■ Mode ■ Autos ■ Medien ■ Ernährung ■ Gesundheit ■ Politik ■ Gesetze
■ Natur ■ Tiere ■ Reisen ■ andere Länder ■ Berufe

Mein Thema: _____

_____

_____

_____

5 Lesen Sie den Text mit den Tipps und ordnen Sie die Überschriften aus dem Kasten zu.

Ein Handout erstellen ■ Das Vortragen üben ■ Das Referat vor der Klasse halten ■ Gedanken auf Karteikarten schreiben ■ Informationen suchen ■ Lesen, notieren und eine Gliederung machen

1. _____

Wenn Sie Ihr Thema gewählt haben, suchen Sie Informationen. Sie können im Internet, in Büchern oder Zeitschriften suchen. In einer Bücherei finden Sie Informationen zu vielen verschiedenen Themen.

2. _____

Lesen Sie die Informationstexte und machen sich dabei Notizen. Die Notizen sind erst einmal so geordnet, wie Sie die Texte gelesen haben. Nach dem Lesen und Notieren ordnen Sie Ihre Notizen neu. Sie machen daraus eine Gliederung für Ihr Referat.

3. _____

Für Ihre Mitschülerinnen und Mitschüler erstellen Sie ein Handout. Das heißt, Sie schreiben die wichtigsten Informationen auf einer Seite zusammen.

4. _____

Für sich selbst bereiten Sie Stichwortzettel vor. Sie schreiben das, was Sie sagen wollen, auf kleine Zettel oder Karteikarten. Für jeden Gedanken benutzen Sie eine neue Karte. Schreiben Sie keine ganzen Sätzen. Machen Sie nur Stichwörter.

5. _____

Nun üben Sie das Vortragen. Halten Sie das Referat zu Hause mindestens zwei- oder dreimal. Wenn Sie stecken bleiben, können Sie auf die Stichwortzettel schauen. Üben Sie, nicht jedes Wort abzulesen und regelmäßig nach vorne zu schauen.

6. _____

Sprechen Sie beim Vortragen laut und deutlich. Schauen Sie Ihre Zuhörer an, dann fühlen sie sich angesprochen und hören besser zu.

Informationen suchen

Informationen für ein Referat finden Sie vor allem in Büchern und im Internet. In einer Bücherei können Sie Bücher ausleihen oder vor Ort lesen.

Informationen aus Büchern

In der Bücherei
In einer Bücherei sind alle Bücher nach einem System geordnet. So kann man jedes Buch finden, wenn man das System kennt.

Tipp:
Stellen Sie in der Bücherei die Bücher wieder genau dort ins Regal, wo Sie sie gefunden haben. So können es die nächsten Besucher auch finden.

 1 Notieren Sie ein Thema, zu dem Sie Informationen suchen wollen. Das kann das Thema der Seite „Präsentieren: Was, wie und warum?" sein.

Thema: _____

 2 Gehen Sie in die Schul- oder Stadtbücherei. Fragen Sie, wo Sie Bücher zu Ihrem Thema finden. Notieren Sie drei passende Buchtitel mit den Namen der Autoren.

1. Buchtitel:
Autoren:
2. Buchtitel:
Autoren:
3. Buchtitel:
Autoren:

 3 Leihen Sie sich das Buch aus, das am besten zu Ihrem Thema passt. Wenn das nicht möglich ist, notieren Sie sich, wo es steht. Sie können es später für Ihre Präsentation benutzen.

Sich in einem Buch orientieren

Wenn Sie ein Buch gefunden haben, müssen Sie es nicht vollständig durchlesen. Schauen Sie in das Inhaltsverzeichnis und suchen Sie dort nach wichtigen Wörtern für Ihr Thema. Das spart viel Zeit und Arbeit. Schlagen Sie die angegebene Seite auf. Prüfen Sie, ob Sie dort wirklich die Information finden, die Sie suchen.

4 Suchen Sie hier in diesem Buch im Inhaltsverzeichnis folgende Themen und notieren Sie die Seitenzahlen.

Thema	Seite
Ein Berufsprofil lesen	
Das Mitarbeitergespräch	
Diagramme und Tabellen erklären	

Informationen aus dem Internet

Auch im Internet finden Sie Informationen. Aber auch Bilder, Videos und Musik. Damit können Sie ein Referat interessant und lebendig gestalten.
Denken Sie daran, dass im Internet jeder etwas veröffentlichen kann. Das bedeutet, dass Sie selbst einschätzen müssen, ob die Informationen wahr sind. Mehr dazu finden Sie in Kapitel „Glauben oder nicht glauben" auf Seite 96.

5 Notieren Sie drei Internetseiten mit Informationen oder Material für Ihr Thema aus Aufgabe 1.

1.
2.
3.

Bücher und Internetseiten angeben

Wenn Sie für Ihr Referat Informationen aus Büchern oder aus dem Internet benutzen, müssen Sie angeben, wo Sie sie gefunden haben. Bei einem Buch nennen Sie den Titel und den Namen des Autors oder der Autorin. Für wörtliche Zitate nennen Sie auch die Seitenzahl. Bei einer Internetseite nennen Sie die Überschrift und kopieren den Link. Dazu schreiben Sie, wann Sie den Link aufgerufen haben (siehe unten).
Das gilt auch für Bilder und Videos.
Alle Angaben schreiben Sie
- auf die letzte Seite Ihrer Präsentation und
- auf das Handout für die Mitschülerinnen und Mitschüler.

Aus einem Buch: Nachnamen der/des Verfassenden, Initialen des/der Vornamen. (Jahr). *Titel des Buches* (Auflage). Verlag.

Beispiel: Dietrich, R. (2021). *Werkzeug Sprache: Deutsch für die berufliche Schule* (3. Aufl.). Verlag Handwerk und Technik.

Aus dem Internet: Name, Initialen des Vornamen: Titel (Datum der Veröffentlichung), URL: (Stand: Datum des letzten Aufrufs).

Beispiel: Neumann, D. (2021, September 17). Eine Präsentation vorbereiten, abgerufen 14. Juli 2021, von https://www.leichter_präsentieren/spaß_dabei/

Übung: Lesen und Informationen finden

 1 Finden Sie sieben Verben. Ergänzen Sie sie dann im Text.

SDFMARKIERENLKSJDFLESENGGSDJFORMULIERENGDFNOTIERENZGCVFÜBERFLIEGENDFGHORIEN
TIERENMGEDBEANTWORTEN

Wenn Sie genug Material für das Referat gefunden haben, beginnen Sie zu _____. Sie müssen nicht

alle Bücher oder Texte von vorne bis hinten durchlesen. _____ Sie sich am Inhaltsverzeichnis.

_____ Sie dann die Abschnitte, die Sie für wichtig halten. Wenn Sie zu einem wichtigen Punkt
für Ihr Referat kommen, lesen Sie die Stelle genauer.

In geliehenen Büchern oder in Texten aus dem Internet können Sie nicht _____. _____

Sie daher wichtige Informationen, die zu Ihrem Thema passen. _____ Sie schwierige Sätze mit
eigenen Worten um.

Oft notiert man mehr, als man später braucht. Diese Arbeit ist nicht überflüssig. Zusätzliches Hintergrund-

wissen ist sehr nützlich, um Fragen der Zuhörer zu _____.

2 Sie möchten ein Referat zum Thema „Ernährung und Bewegung im Alltag" halten. Kreuzen Sie an, welche Informationen dafür interessant sind.

- ungestörter Schlaf
- Sport und Bewegung
- schädlicher Stress
- Lauftechniken
- Yoga am Morgen
- gesund essen
- Verspannungen lösen
- richtig kauen
- Vitamine kennen
- Hygiene und Gesundheit
- ein vollwertiges Frühstück
- Fett im Essen reduzieren
- mehr genießen
- häufiger spazieren gehen
- Vorteile von Bewegung
- Sportvereine im Kommen
- langsam essen

3 Überfliegen Sie den Text. Markieren Sie dann die Stellen, die für das Thema „Ernährung und Bewegung im Alltag" interessant sind. Notieren Sie die wichtigsten Informationen in Stichworten.

Ein guter Start in den Tag

„Ein guter Tag beginnt mit dem Gefühl, richtig ausgeschlafen zu sein. Ich gehe also am Vorabend rechtzeitig ins Bett. Vor dem Einschlafen konzentriere ich mich auf die Uhrzeit, zu der ich aufwachen möchte. Sicherheitshalber stelle ich meinen Wecker noch auf 15 oder 20 Minuten später.

Nach dem Aufstehen gehe ich ins Bad zum Zähneputzen und Gesicht waschen.

Dann trinke ich erst einmal ein Glas Wasser. Um wach zu werden, ist für mich ein bisschen Bewegung am besten. Am liebsten draußen. Manche Leute gehen ja gerne joggen oder spazieren, andere mögen Yoga oder Pilates.

Je nachdem ob ich zur Schule muss oder frei habe, habe ich mehr oder weniger Zeit.

Danach geht es direkt unter die Dusche.

Jetzt brauche ich etwas zu essen. Meistens ist das ein Müsli oder Haferflocken mit etwas Obst, zum Beispiel einem geschnittenen Apfel, Beeren oder Datteln. Ich habe gemerkt, dass mir das Energie für einen guten Start in den Tag gibt.

Na ja, und dann ab in die Schule. Ich mag's nicht, wenn ich mich hetzen muss. Also geh ich lieber rechtzeitig los."

Lesen und Informationen finden für die eigene Präsentation

 1 Lesen Sie zu Ihrem Thema, das Sie unter „Informationen suchen" auf Seite 78 aufgeschrieben haben. Wählen Sie dafür ein Buch und eine Internetseite, die Sie notiert haben. Machen Sie sich hier Notizen.

> Denken Sie daran:
> - Orientieren Sie sich in den Inhaltsverzeichnissen.
> - Überfliegen Sie den Text, bis Sie eine interessante Stelle finden.
> - Formulieren Sie die Informationen in eigenen Worten.

Autor/Autorin: _____

Buchtitel: _____

_____

_____

_____

_____

_____

_____

_____

_____

_____

_____

Internetseite: _____

_____

_____

_____

_____

_____

_____

_____

_____

_____

_____

2 Suchen Sie drei Bilder, die Sie in Ihrer Präsentation zeigen können. Notieren Sie, was auf den Bildern zu sehen ist.

Bild 1:

_____

_____

_____

Bild 2:

_____

_____

_____

Bild 3:

_____

_____

_____

3 Beschreiben Sie, warum Ihr Thema interessant ist:
- Sie können sagen, warum Sie das Thema ausgewählt haben und warum es Sie persönlich interessiert.
- Oder Sie schreiben, warum das Thema allgemein für Menschen interessant ist.

> **Beispiel:**
> Das Thema „Ernährung und Bewegung im Alltag" finde ich interessant, weil ich mich wohlfühlen will und mir meine Gesundheit wichtig ist. Je mehr man über Ernährung weiß, desto besser kann man sich ernähren."

_____

_____

_____

_____

_____

_____

_____

Die Gliederung

Eine Präsentation oder ein Text lässt sich gut gliedern in Einleitung, Hauptteil und Schluss.

Die Einleitung

Mit den ersten Sätzen stellen Sie Ihr Thema vor. Sie erzählen,
- worüber Sie sprechen möchten,
- warum das Thema wichtig oder interessant ist.

1 Vergleichen Sie die Einstiegssätze. Bewerten Sie, wie interessant die Sätze jeweils formuliert sind. Begründen Sie Ihre Antwort.

1. „Heute möchte ich über Ernährung und Bewegung im Alltag sprechen. Das Thema habe ich von der Lehrkraft bekommen. Finde ich aber auch nicht so interessant."

2. „Heute möchte ich über Ernährung und Bewegung im Alltag sprechen. Warum ist das wichtig? Damit man weiß, wie man etwas für seine Gesundheit tun kann. Was kann man sich also Gutes tun?"

Der Hauptteil

Im Hauptteil kommen die Informationen, die Sie gelesen haben: geordnet nach einzelnen Punkten. Einfache, allgemeine Punkte kommen zuerst. Schwierige, speziellere zum Schluss. Kleine Themen, die zu einem größeren Thema gehören, werden zu Unterpunkten.

2 Vergleichen Sie die folgenden Gliederungen für einen Hauptteil. Markieren Sie jeweils die allgemeinen Themen, die spezielleren Themen und die Unterpunkte.

3 Bewerten Sie dann, wie gut die Inhalte jeweils geordnet sind. Begründen Sie Ihre Bewertung.

1. Gliederung
Ernährung und Bewegung im Alltag
- Ernährung
  - Was heißt ausgewogen?
  - Lebensmittelpyramide
  - Frische Nahrungsmittel
  - Pflanzliche Nahrungsmittel
- Bewegung
  - Wie viel Bewegung braucht der Körper?
  - Was tut mir gut?

2. Gliederung
Ernährung
Was heißt ausgewogen?
Lebensmittelpyramide
Frische Nahrungsmittel
Pflanzliche Nahrungsmittel
Bewegung
Wie viel Bewegung braucht der Körper?
Was tut mir gut?

Der Schluss

Der Schluss ist eine Zusammenfassung des Referats. Hier wird das Wichtigste in wenigen Sätzen wiederholt. Neue Informationen werden nicht hinzugefügt.

4 Schreiben Sie eine Gliederung für Ihr eigenes Thema.
- Nutzen Sie Ihre Notizen von Seite 82.
- Die Notizen zu Aufgabe 3 können Sie für die Einleitung verwenden.
- Machen Sie Stichworte. Sie müssen keine ganzen Sätze schreiben.

Einleitung

Hauptteil

Schluss

Stichwortzettel und Handout

Bereiten Sie für Ihren Vortrag Stichwortzettel vor. Das hilft Ihnen, wenn Sie beim Sprechen einmal nicht mehr weiterwissen. Schreiben Sie in Stichwörtern auf, was Sie sagen wollen. Sie brauchen keine ganzen Sätze.

 1 Tragen Sie die einzelnen Punkte für Ihr Referat unten in die Tabelle ein. Nehmen Sie dann ein DIN-A4-Blatt. Unterteilen Sie es genau wie in der Vorlage unten in 15 Kästen. Übertragen Sie die einzelnen Punkte für Ihr Referat. Nummerieren Sie die Kästen und schneiden Sie sie aus.

1	2	3
4	5	6
7	8	9
10	11	12
13	14	15

 2 Füllen Sie das Handout für Ihr Referat auf der nächsten Seite aus. Kopieren Sie die Seite dann zweimal.

 3 Sammeln Sie in der Klasse, was man beim Vortragen beachten muss.

 4 Arbeiten Sie in 3er-Gruppen. Jedes Gruppenmitglied hält sein Referat einmal zur Probe. Die anderen Gruppenmitglieder sagen dazu jeweils ihre Meinung.

> **Hinweis:**
> Wenn Sie etwas Kritisches sagen möchten, seien Sie respektvoll. Machen Sie einen Vorschlag, wie man es besser machen kann.

Handout

Name:
Datum:
Schulfach:

Thema

Einleitung

_____

_____

_____

Hauptteil

_____

_____

_____

_____

_____

_____

Schluss

_____

_____

_____

Bücher und Internetseiten

_____

_____

_____

Präsentation zu einem Film erstellen

1 Suchen Sie im Internet Informationen zu einem Film oder einer Serie, die Sie gut kennen und gerne sehen. Notieren Sie Informationen dazu. Beantworten Sie dabei folgende Fragen:
- Wie heißt der Regisseur oder die Regisseurin? Woher kommt er oder sie?
- Was wissen Sie über sein oder ihr Leben?
- Welche Schauspielerinnen und Schauspieler spielen die Hauptrollen?
- Aus welchem Jahr ist der Film?
- Wo wurde der Film produziert?
- Worum geht es in dem Film? Was passiert?

_____

_____

_____

_____

2 Erstellen Sie eine Gliederung für Ihre Präsentation. Ordnen Sie dazu die Informationen in einer logischen Reihenfolge.

Einleitung

_____

_____

Hauptteil

_____

_____

_____

Schluss

_____

_____

3 Schreiben Sie mithilfe der Gliederung Stichwortzettel.

4 Erstellen Sie ein Handout für Ihre Mitschülerinnen und Mitschüler. Verwenden Sie dafür die nächste Seite und kopieren Sie sie dann.

5 Tragen Sie Ihr Referat in der Klasse vor. Sprechen Sie etwa 3 bis 5 Minuten.

Handout zum Film

Name:
Datum:
Schulfach:

Titel _____

_____
_____
_____
_____
_____
_____
_____
_____
_____
_____
_____
_____
_____
_____

Internetseiten

_____
_____
_____

Rückblick: Lesen, Schreiben, Präsentieren

 Welche Fragen und Antworten passen zusammen? Verbinden Sie.

1. Desoxyribonukleinsäure – Was ist das denn?

2. Mein Freund hat mir einen Artikel weitergeleitet. Er sagt, ich soll ihn lesen. Der Artikel ist aber ziemlich lang, und ich weiß nicht, ob er interessant ist.

3. Ich habe einen sehr aggressiven Nachbarn. Er beleidigt mich oft. Manchmal bedroht er mich auch. Ich möchte zur Polizei gehen. Aber vorher will ich alles aufschreiben, was in den letzten Wochen passiert ist. Wo fange ich denn da an?

4. Mein bester Freund heiratet bald. Ich soll auf der Hochzeit eine Rede halten. Wie mache ich das denn?

5. Meine Freundin und ich streiten oft. Ich möchte ihr einen Brief schreiben und erzählen, wie ich die Sache sehe. Aber immer, wenn ich schreiben will, kommen alle Gedanken auf einmal. Wie ordne ich denn meine Gedanken?

a) Du könntest den Artikel erst einmal überfliegen. Dann kannst du besser abschätzen, ob er interessant ist.

b) Eine Rede ist so ähnlich wie eine Präsentation. Also erst Informationen sammeln, dann gliedern, dann Kärtchen schreiben und dann vortragen. Und dabei immer das Publikum ansehen.

c) Schlag das Wort doch in einem Wörterbuch nach.

d) Schreib doch erst mal eine Mindmap. Da kannst du deine Gedanken so aufschreiben, wie sie kommen. Danach ordnest du die Gedanken, und erst dann schreibst du den Brief.

e) Am besten beantwortest du erst einmal die W-Fragen. Dann schreibst du dazu, was die Polizei sonst noch wissen muss. Die richtige Reihenfolge kann wichtig sein.

4 Was steckt hinter den Texten?

Worum es in diesem Kapitel geht:

Wie unterscheide ich Texte?

Wie erkenne ich, ob etwas in einem Text wahr oder falsch ist?

Wie bilde ich mir eine eigene Meinung?

Wie gehe ich mit Informationen in den sozialen Medien um?

Was ist Hatespeech?

Was ist Fakt und was ist Meinung?

Textsorten erkennen

1 Lesen Sie die Texte 1 bis 6.

Brief ■ Gedicht ■ Rede ■ Werbespruch ■ Rezept ■ Gesetzestext

2 Ordnen Sie die Textsorten aus dem Kasten zu. Tragen Sie sie in die Textfelder ein.

1. Auberginensoße
- Schneiden Sie die Kartoffeln in dünne Scheiben. Geben Sie Öl in den Topf und legen Sie den Boden mit Kartoffelscheiben aus.
- Reiben Sie die Zwiebeln und den Knoblauch und vermischen Sie sie mit der Tomatensoße. Würzen Sie mit Curry oder Baharat.
- Schichten Sie nun abwechselnd Auberginenscheiben und das Tomatengemisch übereinander.
- Lassen Sie das Ganze 20 bis 30 Minuten kochen. Dazu passt Reis.

2. Liebe Oma,

wie geht es dir? Mir geht es gut. Wir waren heute am Strand und haben eine Sandburg gebaut. Dann hat Bello sie kaputtgemacht. Ich war traurig, aber Papa hat gesagt, das ist gar nicht schlimm. Eine Sandburg ist zum Bauen da, und nicht zum Behalten. Und dann sind wir essen gegangen. Ich hatte Spaghetti.

Liebe Grüße
Dominik

3. Sehr geehrte Damen und Herren, liebe Freundinnen und Freunde!

Ich freue mich sehr, Sie heute hier begrüßen zu dürfen. Einige von Ihnen kenne ich schon viele Jahre. Doch es sind auch ein paar neue Gesichter dabei, die ich noch nicht kenne. Lassen Sie mich diese Gelegenheit nutzen, um Ihnen allen für Ihre Mitarbeit zu danken.

4. Die Würde des Menschen ist unantastbar. Sie zu achten und zu schützen ist Verpflichtung aller staatlichen Gewalt. Das deutsche Volk bekennt sich darum zu unverletzlichen und unveräußerlichen Menschenrechten als Grundlage jeder menschlichen Gemeinschaft, des Friedens und der Gerechtigkeit in der Welt.

5. Erfrischend wie ein Deo.
Magisch wie ein Parfum.
Entdecke den Duft an dir.

6. Mit einem Rosenstrauß

Du und dein Sohn,
Sie sind beide schon alt;
Doch blühen noch Rosen,
Und das Herz ist nicht kalt.

von Theodor Storm

3 Sprechen Sie in der Klasse darüber, wie Sie die Texte zugeordnet haben.

Eine Textsorte richtig zu bestimmen, ist beim Lesen hilfreich und wichtig. Wenn Sie die Textsorte kennen, wissen Sie auch etwas über die Funktion des Textes. Sie wissen, warum und wozu er geschrieben wurde. Das kann einen Einfluss darauf haben, was der Text für Sie bedeutet.

4 Lesen Sie den folgenden Text. Vermuten Sie: Ist es eine Nachricht oder ein Ausschnitt aus einem Roman? Diskutieren Sie dann in der Klasse: Was verändert sich beim Lesen, wenn Sie die Textsorte kennen?

Das Knödelwettessen der Stadt Neudorf hat ein Tourist aus Japan gewonnen. Er war gerade auf einer Europareise und ist zufällig nach Neudorf gekommen. Als er von dem Wettessen hörte, war er sofort Feuer und Flamme. Er hat zwar nicht genau gewusst, was Knödel sind. Aber mit Wettessen hat er viel Erfahrung. Ganze 53 Knödel verputzte er in den vorgegebenen zehn Minuten.

5 Lesen Sie den folgenden Text. Vermuten Sie: Ist es ein Testbericht oder Werbung? Diskutieren Sie dann in der Klasse: Was verändert sich in diesem Fall, wenn Sie die Textsorte kennen?

Die Firma Pear bringt ein neues Smartphone heraus: Das beste, das es derzeit auf dem Markt gibt. Neben einem modernen Design überzeugt die Nutzerfreundlichkeit: Der Akku ist auswechselbar. Die Software lässt sich frei auswählen. Und das neue Pear hat eine besonders lange Lebensdauer. So muss nicht jedes Jahr ein neues Handy gekauft werden.

Was ist Wirklichkeit?

> Texte und Filme können fiktiv oder real sein.
> - Fiktiv bedeutet ausgedacht. Die Geschichte ist nicht wirklich passiert.
> - Real bedeutet echt. Die Geschichte ist wirklich passiert.

1 Sortieren Sie die Text- und Filmarten in die Tabelle.

Roman ■ Kurzgeschichte ■ Dokumentation ■ Spielfilm ■ Lexikonartikel ■ Fantasy-Serie ■ Nachrichten ■ Ratgeber

Realität	Fiktion

2 Sammeln Sie in der Klasse für jede Textart mindestens ein Beispiel.

> Es gibt auch Texte, Filme und Serien, in denen sich Realität und Fiktion mischen.
>
> **Beispiel:**
> **Realitysoaps (Familie):** Eine berühmte Familie wird im Alltag gezeigt. Oft passieren außergewöhnliche Geschichten. Es gibt viel Drama und große Gefühle, mehr als in anderen Familien. Solche Geschichten sind keine Realität, sondern sie werden geschrieben oder geplant. Die Familienmitglieder spielen sie wie Schauspieler.
>
>
>
> **Beispiel:**
> **Realitysoap, Dokusoap (Berufe):** Bestimmte Berufe werden in einer Serie vorgestellt. Angeblich wird dabei der Alltag dieser Berufe gezeigt, zum Beispiel von Richtern, Psychologen, Polizisten oder von Kinderbetreuerinnen. In Wirklichkeit sind diese Geschichten geschrieben und von Schauspielern gespielt.
>
>

✏️ **3** Notieren Sie den Namen einer Realitysoap, die Sie kennen. Vergleichen Sie dann in der Klasse.

_____

_____

> **Beispiel:**
> **Reality-Spielshows:** Eine Gruppe Menschen befindet sich in einer extremen Situation. Das kann ein Camp im Wald sein oder eine Insel. Sie müssen dort Aufgaben lösen. Die Schauspieler spielen sich scheinbar selbst. Aber sie können sich nicht frei entscheiden, was sie tun. Sie spielen nach einem Script, das heißt, ihre Rollen sind vorher geschrieben worden.

✏️ **4** Notieren Sie den Namen einer Reality-Spielshow, die Sie kennen. Vergleichen Sie dann in der Klasse.

_____

_____

> Wenn Sie bei einer Fernsehsendung nicht sicher sind, ob sie real oder fiktiv ist, schauen Sie den Abspann an. Dort steht zum Beispiel:
> - „Alle handelnden Personen sind frei erfunden."
> - „Nach einer tatsächlichen Geschichte (frei) erzählt."
>
> Sie können auch im Internet Informationen finden.

✏️ **5** Suchen Sie selbst Informationen im Internet. Suchen Sie die Sendungen, bei denen die Klasse in Aufgabe 2 und 3 nicht sicher war, ob sie real oder fiktiv sind. Besprechen Sie die Ergebnisse in der Klasse.

Notizen:

_____

_____

_____

_____

_____

_____

_____

Glauben oder nicht glauben

1 Notieren Sie, woher Sie wissen, was in der Welt passiert.
Das können Internetseiten sein, eine Zeitung oder eine Person, die Ihnen viel erzählt.

_____

2 Vergleichen Sie Ihre Ergebnisse in der Klasse.

3 Erzählen Sie, welche Nachrichten Sie allgemein glauben und welche nicht.

4 Lesen Sie die folgenden Nachrichten. Kreuzen Sie Ihre Meinung an.

Der Papst und der Wahlkampf in den USA

Im US-Wahlkampf hat der Papst klar Position bezogen: Er unterstützt den Kandidaten der republikanischen Partei. Das sagte er gestern bei einer Pressekonferenz in Rom.

○ Das würde ich glauben.
○ Das würde ich nicht glauben.
○ Ich weiß nicht, ob ich es glauben soll.

Bundeskanzlerin wünscht sich 12 Millionen Einwanderer

Britische Medien berichten, dass die Bundeskanzlerin bei einem Regierungstreffen gesagt hat: „Wir brauchen in Deutschland dringend mehr Einwanderer. Ich hoffe, nächstes Jahr kommen 12 Millionen."

○ Das würde ich glauben.
○ Das würde ich nicht glauben.
○ Ich weiß nicht, ob ich es glauben soll.

5 Vergleichen Sie Ihre Antworten in Vierergruppen und diskutieren Sie.

Die Meldungen oben wurden im Internet veröffentlicht. Viele Menschen haben sie geglaubt und im Internet geteilt. Aber sie sind falsch.

> Im Internet, aber auch in gedruckten Zeitungen, gibt es Unwahrheiten und Erfundenes. Die Geschichten sind oft interessant erzählt. Oder das Thema löst bestimmte Gefühle aus: Es macht traurig oder wütend, oder es ruft Mitleid hervor. Dann fragen die Leserinnen und Leser nicht mehr nach, ob die Geschichte stimmt.
>
> Wenn Sie nicht wissen, ob Sie eine Nachricht oder Geschichte glauben sollen: Suchen Sie mehr Information dazu. Prüfen Sie die Glaubwürdigkeit einer Internetseite: Zeigt sie zum Beispiel,
> - wer die Informationen geschrieben hat?
> - wie alt die Informationen sind?
> - welche Quellen sie verwendet?
> - Sind die Informationen sachlich und verständlich oder sind sie mit einer bestimmten Absicht verbunden?
>
> Besuchen Sie auch andere Internetseiten. Schauen Sie auch am nächsten Tag noch einmal. Zu vielen falschen Meldungen gibt es am nächsten Tag eine Aufklärung.

6 Bilden Sie zwei Gruppen. Jede Gruppe sucht im Internet Informationen zu einer der Meldungen aus Aufgabe 3. Vergleichen Sie Ihre Ergebnisse.

7 Notieren Sie eine Nachricht, die Sie vor kurzem gelesen oder gehört haben.

_____

_____

_____

_____

_____

8 Arbeiten Sie dann zu zweit. Tauschen Sie die Nachrichten aus. Suchen Sie im Internet Informationen zu der Nachricht Ihres Partners oder Ihrer Partnerin.

Notizen:

_____

_____

Werbung

1 Arbeiten Sie in Gruppen. Beschreiben Sie die Werbesituationen auf den Bildern. Sammeln Sie weitere Beispiele: Wo begegnet Ihnen Werbung in Ihrem Alltag?

 2 Diskutieren Sie, welche Werbeversprechen Sie kennen und welche Erwartungen diese Werbung weckt. Folgende Fragen sind hilfreich:
- Haben Sie wegen einer Werbung schon einmal etwas gekauft, was Sie eigentlich nicht brauchen?
- Haben Sie schon einmal vor allem wegen einer schönen Verpackung oder einem Markennamen etwas gekauft?

Im Internet gibt es viel Werbung, die man nicht gleich erkennt. Influencer zeigen ihre Einkäufe, bewerten Produkte oder stellen Marken vor. Der Zuschauer denkt, das ist ihre persönliche Meinung und Erfahrung. In Wirklichkeit bekommen sie die Produkte aber von den Firmen geschenkt. Oder sie werden dafür bezahlt, dass sie über die Produkte sprechen.

3 Notieren Sie Namen von Influencern, die Sie kennen.

_____

_____

_____

4 Tauschen Sie sich in der Klasse aus, woher Sie wissen, ob eine Person Werbung macht oder nur ihre eigene Meinung sagt.

5 Wenn Sie sich nicht sicher sind, schreiben Sie die Influencer an. Fragen Sie nach, ob sie oder er Geld oder Geschenke für die Werbung bekommt. Wenn Sie eine Antwort bekommen, dann notieren Sie sie hier und lesen sie dann in der Klasse vor.

_____

_____

_____

_____

_____

Fakt oder Meinung?

Texte und Filme können neutral sein. Teilweise geben sie aber auch eine Meinung wieder. Man sagt auch: Der Text ist wertend. In manchen Texten erkennt man das nicht auf den ersten Blick.

Kommentare, Interviews und Leserbriefe sind im Allgemeinen Texte, die Meinungen wiedergeben. Nachrichten und Berichte sollen neutral und nicht wertend sein.

1 Lesen Sie die Texte.

A Wenn es um laute Motorräder geht, scheiden sich die Geister: Die einen empfinden sie als Lärmbelästigung, für die anderen verkörpern sie Freiheit und Abenteuer. Sie wollen nicht mit lautlosen Elektromotoren oder leisen Verbrennungsmotoren unterwegs sein. Darum bauen Hersteller Klappen in den Auspuff, die das Motorrad lauter machen. Sie machen Werbung dafür, dass bestimmte Motorräder einen besonders lauten, tiefen Klang haben. Auch bei Autos werden Klappen in den Auspuff gesetzt, um sie lauter zu machen.

B Die neue Maschine hat einen unglaublich tollen Sound! Tiefe Bässe, trocken und wummernd. Ab einer Drehzahl von 5500 Umdrehungen pro Minute wird es noch einmal richtig schön laut, es kommen auch Mitten und Obertöne dazu. Und wenn ich die Klappe am Auspuff aufmache, fühle ich mich wie im Motorradhimmel.

C Warum dürfen die so einen Lärm machen? Das sind eine Handvoll Egoisten, die mit ihren Motorrädern und Autos so einen Krach machen und alle anderen stören. Kein normaler Mensch möchte freiwillig Motorenlärm hören. Diese Lautstärke ist heutzutage unnötig: Man kann Motoren so bauen, dass sie ganz leise sind. Aber das wollen diese rücksichtslosen Leute gar nicht: Die bauen sich Klappen in den Auspuff, damit sie noch mehr stören können!

2 Unterstreichen Sie alle Wörter, die wertend sind und schreiben Sie sie auf.

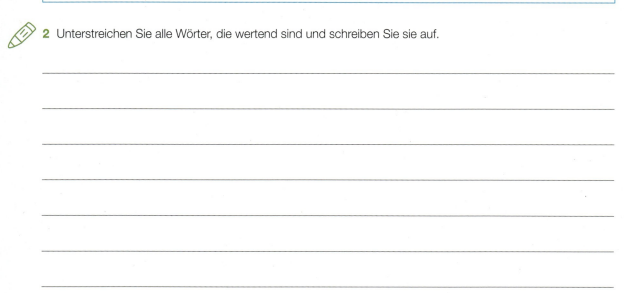

3 Sortieren Sie die wertenden Wörter in der Tabelle ein.

positiv wertend	negativ wertend

 4 Lesen Sie die folgenden Aussagen. Suchen Sie im Text von Aufgabe 1 die passenden Stellen. Markieren Sie diese Stellen farbig.

1. Der Autor stellt verschiedene Meinungen dar.
2. Der Autor benutzt nur wertende Wörter, wenn er die Meinung von anderen darstellt.
3. Der Autor schreibt von dem Motorengeräusch wie von Musik.
4. Der Autor behauptet, nur unnormale Menschen mögen Motorenlärm.

5 Bewerten Sie selbst Aussagen in den Texten aus Aufgabe 1.

positiv wertend: Text Nr. _____   negativ wertend: Text Nr. _____   neutral: Text Nr. _____

> **Tipp:**
> Machen Sie sich die Meinung des Autors klar, wenn ein Text wertend geschrieben ist. Überlegen Sie, welche Meinung Sie selbst haben. Konnte der Autor Sie überzeugen oder nicht? Übernehmen Sie nicht einfach die Meinung des Autors.

6 Diskutieren Sie in Gruppen: Sollten Auspuffklappen für lautere Autos und Motorräder erlaubt sein oder nicht? Denken Sie dabei an die Argumente aus den Texten.

7 Erzählen Sie in der Klasse, zu welchem Ergebnis Ihre Gruppe gekommen ist. Konnten Sie sich einigen?

Spam-Mails erkennen

Wer ein E-Mail-Postfach hat, kennt das Problem der Spam-Mails: Es sind E-Mails von unbekannten Absendern, die niemand haben möchte.

Tipp:
Vorsicht: Spam-Mails sollte man niemals öffnen, denn sie können über Links oder Anhänge Schadsoftware auf den Computer oder das Smartphone bringen.

1 Erzählen Sie in der Klasse:
- Hatten Sie schon einmal Probleme mit Spam-Mails?
- Warum können Spam-Mails gefährlich sein?

2 Lesen Sie die E-Mails. Diskutieren Sie in Dreiergruppen: Woran erkennen Sie, dass es Spam-Mails sind?

1. Absender: Investment24 \<sdfih@gmail.com\>
Betreff: 1 000 Euro in der Woche verdienen

Mit einer neuen Verkaufsstrategie machen wir hohe Umsätze! Gewinne von bis zu 1 000 Euro pro Woche sind möglich. Mehr dazu: Verdienste mit neuer Verkaufsstrategie

2. Absender: SuperMuskel \<supermuskel@super.com\>
Betreff: Mit diesen Shakes und Pillen in 2 Wochen zum Traumkörper

Bestellen Sie gleich hier: Muskelnahrung Mit diesen Shakes und Pillen wachsen Ihre Muskeln viermal schneller! Voller Erfolg bei leichtem Training!

3. Absender: Homebanking \<banking@rvnk.com\>
Betreff: Bestätigung der Daten

Sehr geehrter Kunde,
wir stellen das Online-Banking auf ein neues Computersystem um. Schreiben Sie uns zur Sicherheit bitte Namen und Passwort für Ihr Online-Banking-Konto.

4. Absender: Debitorenmanagement \<anwalt@rechnungen.de\>
Betreff: Ihre offene Rechnung

Ihre Rechnung über 89,95 € haben Sie bis jetzt nicht bezahlt. Bitte überweisen Sie den Betrag innerhalb einer Woche. Andernfalls leiten wir den Fall an ein Inkassounternehmen weiter.
IBAN: DE9879 9876 7654 00

5. Absender: Mrs Ruby Miller \<hjkz@ugb.se\>
Betreff: Meine Liebe in Jesus! Ich brauche dringend deine Hilfe!

Mein lieber Freund! Ich schreibe dir aufgrund auf eine Krankheit von meine Kind. Meine Kind ist sterbend. Ich brauche Geld für die Operation. Bitte spende 300 Dollar!

6. Absender: Tom \<Tom.Schmidt@web.de\>
Betreff: Melde dich bitte dringend!

3 Ordnen Sie die Erklärungen den Spam-Mails aus Aufgabe 2 zu.

A Der Versuch, an das Passwort für Ihr Konto zu kommen. Verschicken Sie Ihr Passwort niemals! Auch nicht, wenn der Absender aussieht wie Ihre Bank. Banken fragen niemals nach Passwörtern.

Mail Nr. _____

B Eine Rechnung, die Sie bezahlen sollen. Überprüfen Sie erst einmal, ob und was Sie zu diesen Kosten beauftragt oder bestellt haben.

Mail Nr. _____

C Werbung für ein billiges oder angeblich einzigartiges Produkt, zum Beispiel Luxusartikel wie Armbanduhren sein. Es können aber auch illegale Medikamente oder der Zugang zu betrügerischen Internetseiten sein.

Mail Nr. _____

D Ein Angebot für einen Traumjob, bei dem man angeblich sehr viel Geld verdient. Das stimmt nie. Die Betreiber wollen oft, dass man einen Vertrag unterschreibt. Zum Beispiel soll man teure Software hochladen oder Schulungsmaterial für einen Job kaufen, den es gar nicht gibt. Dabei kann man viel Geld verlieren.

Mail Nr. _____

E Ein trauriger Hilferuf. Das ist Betrug. Wenn Menschen wirklich Hilfe brauchen, schreiben Sie keine Rundmails an fremde Leute.

Mail Nr. _____

F Die Bitte, sich bei jemandem zu melden. Kennen Sie Tom Schmidt? Wenn nicht, öffnen Sie die Mail nicht.

Mail Nr. _____

Diskriminierung erkennen

> **Diskriminierung:** Entwürdigung oder ungerechte Behandlung von bestimmten Menschen oder Gruppen. Grund dafür sind bewusste oder unbewusste Vorurteile.

1 Erklären Sie in eigenen Worten, was Diskriminierung bedeutet.

2 Erklären Sie den Unterschied zwischen bewussten und unbewussten Vorurteilen.

3 Nennen Sie Beispiele für einzelne Personen oder Gruppen, die häufig diskriminiert werden. Notieren Sie Ihre Beispiele.

_____

_____

4 Lesen Sie die Texte. Beantworten Sie dann die Fragen:
- Warum wurden die Personen diskriminiert?
- Wie wurden die Personen diskriminiert?

> **A** Ich werde seit meiner Kindheit immer ein bisschen anders behandelt. Viele wollten meine Haare anfassen. Auch heute noch, obwohl ich schon 17 bin. Die Leute denken oft, ich würde mich mit Musik auskennen. Ich höre immer wieder, dass ich gut Deutsch spreche. Kein Wunder, ich bin ja hier geboren! Es liegt einzig und allein an meiner Hautfarbe. Warum ist es so wichtig, ob jemand weiß ist oder nicht?

_____

_____

> **B** Ich lebe mit meiner Partnerin und meiner kleinen Tochter zusammen. Sie wird in der Schule oft gefragt, warum sie zwei Mütter hat. Ob da nicht der Mann fehlen würde. Als ob drei Personen nicht eine Familie sein könnten, und zwar eine ganz normale.

_____

_____

> **C** Ich bin aus dem Iran geflohen, weil ich Atheist bin. Für mich sind Männer und Frauen total gleich. Es hat mich immer gestört, dass Frauen im Iran nicht die gleichen Rechte haben wie Männer. Aber wenn ich mit Fremden rede, fragen sie mich gleich, wo ich herkomme. Ich sage: „Aus dem Iran." Und dann wollen sie wissen, was ich über Frauen denke. Ob ich es komisch finde, wenn eine Frau feiern geht oder wenn sie arbeitet. Was soll das? Warum denken sie, dass ich frauenfeindlich eingestellt bin?

_____

_____

5 Arbeiten Sie zu zweit. Lesen Sie die Schlagzeilen und diskutieren Sie die Fragen. Schreiben Sie einen Antwortsatz.

Diese Frauen wollen sich den Millionär angeln

Wie werden Frauen hier dargestellt?

_____
_____
_____

Arzt verspricht, Homosexuelle zu heilen und hetero zu machen

Warum ist diese Schlagzeile diskriminierend?

_____
_____
_____

Dieser Ausländer kann nicht lesen – fährt aber Mercedes.

Welche Vorurteile stecken in dieser Schlagzeile?

_____
_____
_____

Veganer-Gehirne arbeiten langsamer

Wie werden Veganer hier dargestellt?

_____
_____
_____

Hartz-IV-Empfänger bekommt Kindergeld für 7 erwachsene Kinder!

Welche Vorurteile stecken in dieser Schlagzeile?

_____
_____
_____

Kommentare im Internet

1 Erzählen Sie in der Klasse, auf welchen Internetseiten Sie Kommentare lesen oder schreiben.

 2 Lesen Sie den Text. Fassen Sie ihn dann in eigenen Worten zusammen.

Das Internet vergisst nicht

Henning Werner hat in seinem Leben viel im Internet kommentiert. Nach einem Schulwechsel ist ihm aufgefallen: Er möchte nicht, dass seine neuen Mitschüler seine alten Kommentare lesen. Die sind ihm heute peinlich.

Hennings alte Kommentare sind oft lang und wirr, manchmal wütend und beleidigend. Er hat viele Wörter falsch geschrieben. Viele seiner Meinungen von damals hat er heute geändert. Deshalb hat der 17-Jährige lange versucht, seine Kommentare löschen zu lassen. Aber das ist nicht einfach.

Henning ist bald mit der Schule fertig und will sich bewerben. Ob die neuen Arbeitgeber seine Kommentare lesen? „Hoffentlich nicht", sagt er.

3 Erzählen Sie, ob es Ihnen einmal ähnlich ergangen ist wie Henning.

 4 Lesen Sie die folgenden Aussagen. Kreuzen Sie die Aussage an, der Sie zustimmen. Vergleichen Sie danach mit einem Partner oder einer Partnerin und diskutieren Sie.

Kommentare bewerten

1. Ein guter Kommentar ist   ○ eher kurz.   ○ lang und ausführlich.
2. Einen Kommentar sollte man   ○ einfach schreiben, wie man denkt.   ○ gliedern.
3. In einem Kommentar sollte man   ○ einfach seine Meinung ausdrücken.
                                   ○ Argumente und Belege bringen.
4. In einem Kommentar sind Rechtschreibung und Grammatik ○ wichtig.   ○ unwichtig.

5 Lesen Sie den Eintrag in einem Forum und die beiden Kommentare. Schreiben Sie selbst einen Kommentar dazu.

Hallo Leute!
Schaut mal, wie ich Lumpi heute gestylt habe!
Wir gehen heute auf eine Faschingsparty: Er als Einhorn und ich als Fee.
Verkleidet Ihr Eure Haustiere auch?

Ich würde meine Katze nie verkleiden! Sie hat Angst davor, wenn man etwas über sie wirft. Ich finde, dein Hund sieht auch nicht richtig glücklich aus.

Also, ich finds super süß. Wenn es Lumpi stören würde, dann würde er schon aus dem Kostüm rauskommen.

6 Arbeiten Sie in Gruppen. Besuchen Sie eine Internetseite mit Kommentarfunktion, die alle Gruppenmitglieder kennen.

7 Lesen Sie dort gemeinsam die Kommentare.

8 Suchen Sie einen besonders guten und einen besonders schlechten Kommentar heraus. Schreiben Sie ihn auf. Lesen Sie ihn dann in der Klasse vor und begründen Sie Ihre Wahl.

Sachliche Sprache oder Hatespeech

 1 Besprechen Sie in der Klasse, mit welcher der beiden Personen Sie sich lieber unterhalten würden. Begründen Sie Ihre Antwort.

Das finde ich nicht gut. Ich sag dir auch, warum.

Das ist blöd. Hau ab, ich hab keinen Bock auf dich.

 2 Kreuzen Sie an, was auf Sie zutrifft. Diskutieren Sie dann in der Klasse.

1. Ich habe schon einmal beleidigende Kommentare im Internet gesehen.
2. Ich finde den Ton im Internet oft aggressiver als in Wirklichkeit.
3. Ich habe keine Probleme mit dem Umgangston im Internet.
4. Ich finde, dass man im Internet seinen echten Namen nennen müsste. Dann wären die Leute nicht so aggressiv.

 3 Lesen Sie den Text. Diskutieren Sie in der Klasse, ob Sie dem Text zustimmen. Begründen Sie Ihre Meinung mit Beispielen.

> Manche Menschen schreiben im Internet Sachen, die sie einem anderen nie ins Gesicht sagen würden. Sie verhalten sich respektlos, beleidigen andere Menschen und verbreiten Vorurteile. Das hat negative Folgen:
>
> ■ Menschen fühlen sich beleidigt und herabgewürdigt.
> ■ Menschen trauen sich nicht, am Gespräch teilzunehmen.
> ■ Vorurteile und Hass werden verbreitet.
> ■ Respektlose Umgangsformen werden normaler.
>
> Daher ist es wichtig, auch im Internet sachlich und respektvoll zu schreiben. Das bedeutet nicht, dass man seine Meinung nicht sagen darf.

4 Lesen Sie die folgenden Sätze. Ordnen Sie dann zu: Welche Sätze bedeuten eigentlich dasselbe? Kreuzen Sie die Sätze an, die beleidigend sind.

1.	„Welcher Assi hat diesen Mist hochgeladen? Der Ton ist schrott!"		A	„Du Idiot, das ist kein neues Video! Dass es hier immer Spackos gibt, die mit falschen Jahreszahlen Klicks kriegen wollen!"	
2.	„Die Tusse in dem Film hat sie doch nicht alle! Schon klar, dass so eine keine Wohnung findet!"		B	„Die Frau in dem Film muss einiges anders machen, wenn sie auf Wohnungssuche ist."	
3.	„Das ist eine Folge von 2010, nicht wie angegeben aus diesem Jahr!"		C	„Was redest du, du Blödmann? Dich sollte man mal richtig verprügeln."	
4.	„Es stimmt nicht, was du sagst."		D	„Der Ton funktioniert nicht."	

1 _____   2 _____   3 _____   4 _____

Was ist Cyber-Mobbing?

Cyber-Mobbing bedeutet, dass eine Person oder eine Gruppe eine einzelne Person im Internet fertigmacht. Es sind oft Beleidigungen und bösartige Witze, manchmal auch Drohungen. Sie werden über soziale Netzwerke verteilt oder über Messenger-Programme verschickt.

Personen, die durch Cyber-Mobbing geärgert werden, leiden oft sehr stark. Sie sind traurig und wütend. Sie fühlen sich hilflos. Sie wissen nicht mehr, wem sie vertrauen können. Viele von ihnen wehren sich nicht. Sie hoffen einfach, dass es irgendwann von selbst aufhört. Cyber-Mobbing ist ein großes Problem. Gemeinsam bekämpfen hilft: Darüber sprechen und sich Hilfe holen, zum Beispiel von NummergegenKummer, sehr vertrauten Personen, echten Freunden, Lehrkräften, Eltern oder der Polizei.

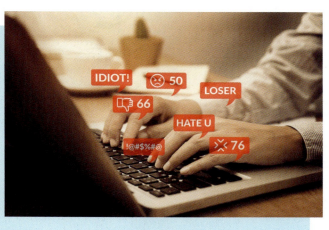

5 Notieren Sie und besprechen Sie in der Klasse: Was Sie über Cyber-Mobbing wissen. Was sich dagegen tun lässt.

_____
_____
_____
_____
_____
_____

Soziale Netzwerke – soziale Kontrolle?

1 Lesen Sie die Fragen und tauschen Sie sich in der Klasse aus:
- Hatten Sie schon einmal Streit wegen etwas, was Sie im Internet gepostet haben?
- Haben Sie schon einmal etwas gepostet, was Ihnen hinterher peinlich war?

2 Suchen Sie Ihren eigenen Namen mit einer Suchmaschine. Prüfen Sie für sich, welche Informationen Sie gefunden haben.

3 Arbeiten Sie zu zweit. Schauen Sie sich die Einträge an. Diskutieren Sie, welche Probleme es geben könnte, wenn die falsche Person die Posts sieht.

> Unsere Firma ist so ätzend. Ich bin so froh, wenn ich da weg bin. Darf aber keiner wissen, dass ich mich schon woanders bewerbe.

 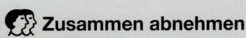

Zusammen abnehmen
Zu dick und unglücklich
Endlich schlank werden

> Die Party war super! Alle Bilder von mir findet ihr auf: www.zu-viel-gesoffen.de

> Komm doch bei mir vorbei: Parkstraße 10, bei Schmidt klingeln!

4 Beantworten Sie folgende Fragen schriftlich. Vergleichen Sie dann in der Gruppe. Diskutieren Sie.

1. Welche Einstellungen zur Privatsphäre wählen Sie in sozialen Netzwerken?

_____

_____

_____

2. Welche Personen können Ihre Daten sehen? Denken Sie zum Beispiel an Freunde, Nachbarn, Eltern und Bekannte, Lehrkräfte.

_____

_____

3. Welche Personen, die Sie nicht persönlich kennen, können Ihre Daten sehen?

_____

_____

4. Posten Sie in Netzwerken Informationen, die bestimmte Personen nicht sehen sollen? Wenn ja, welche?

_____

_____

5. Achten Sie beim Posten darauf, wie Ihre Sprache wirkt? Wenn ja: wie?

_____

_____

5 Lesen Sie die Tipps und ergänzen Sie die passenden Wörter aus dem Kasten.

finden ■ vertrauen ■ Adresse ■ Sprache ■ Fremde

Tipps für mehr Privatsphäre

■ Posten Sie keine persönlichen Daten wie _____, Telefonnummer oder E-Mail so, dass sie für alle sichtbar sind. Man kann nicht allen Menschen _____.

■ Wählen Sie Ihre Einstellungen so, dass möglichst wenige Informationen für _____ sichtbar sind. Achtung: Über Freundeslisten oder Fotos von Freunden kann man Sie auch _____.

■ Achten Sie auf Ihre _____. Andere Menschen machen sich ein Bild von Ihnen und bewerten auch Ihre Sprache.

Soziale Netzwerke – Datenschutz

Viele soziale Netzwerke sind kostenlos. Bei manchen zahlt der Nutzer in Form von Daten. In der Datenschutzerklärung der Betreiber steht, wie ein Unternehmen Daten zu einer Person verwenden kann.

1 Sammeln Sie in der Klasse Vermutungen, wie soziale Netzwerke Geld verdienen.

Nutzer können in den sozialen Netzwerken private Angaben zu ihrer Person machen: in ihrem Profil und in ihren Posts. Daran lassen sich persönliche Interessen erkennen. Das können Firmen dann zum Beispiel für gezielte Werbung nutzen.
Oder das Unternehmen gibt Nutzerdaten an andere Unternehmen weiter. Das ist erlaubt, wenn das in den Allgemeinen Geschäftsbedingungen (AGB) steht und der Nutzer zugestimmt hat.

2 Bilden Sie zwei Gruppen: Die eine spricht sich für persönliche Werbung aus, die andere dagegen. Sammeln Sie in der Gruppe Argumente. Lesen Sie sie dann in der Klasse vor.

Bei einigen sozialen Netzwerken kann das Unternehmen Text, Bilder und Videos der Nutzer verwenden. Wenn es in den AGB steht, darf das Unternehmen diese Inhalte selbst verwenden oder auch weitergeben.

3 Einigen Sie sich in der Klasse auf ein soziales Netzwerk, in dem die meisten Schülerinnen und Schüler Mitglied sind. Lesen Sie in den AGB die Bestimmungen zum Umgang mit Fotos und Videos. Teilen Sie die Informationen untereinander.

 4 Ordnen Sie zu: Welche Daten werden über die Nutzer gesammelt?

■ Name ■ Tagesrhythmus ■ Wohnort ■ Standort (= der Ort, an dem man gerade ist) ■ Geburtsdatum ■ Muster aus Likes oder Spielen

Persönliche Daten, die man angibt	Informationen über das Verhalten

Stimmt ein User beim Besuch von Webseiten der Verwendung von Cookies zu, lässt sich damit zum Beispiel feststellen, was er angeklickt, gesucht oder gekauft hat. Daraus entsteht ein Nutzerprofil.

5 Ordnen Sie die Fragen den unterschiedlichen Profilen zu.

A Gesellschaftliche Profile ■ **B** Psychologische Profile ■ **C** Bewegungsprofile

_____ In welchen Städten sind Sie unterwegs? Was sind Ihre normalen Wege zur Schule, zur Arbeit, nach Hause oder zu Freunden?

_____ Wie stabil sind Sie psychisch? Haben Sie Liebeskummer oder Depressionen? Streiten Sie oft?

_____ Mit wem sind Sie befreundet? Wen kennen Sie?

6 Arbeiten Sie in Gruppen. Notieren Sie, welche Folgen es haben kann, wenn folgende Institutionen gute Profile von Nutzern bekommen.

Banken	Mobilfunkanbieter	Versicherungen

Arbeitgeber	Vermieter	Polizei

Eine eigene Meinung bilden

Um sich eine Meinung zu einem Thema bilden zu können, braucht man Informationen. Oft hilft es auch, andere Meinungen kennenzulernen. Dazu kann man zum Beispiel lesen, Videos anschauen oder mit anderen Menschen sprechen.

1 Notieren Sie: Wie bilden Sie sich eine Meinung? Was lesen Sie oder schauen Sie an? Mit wem sprechen Sie? Tauschen Sie sich in der Klasse aus.

_____

_____

Wenn man sich eine Meinung bildet, hört man sich Argumente an. Argumente veranschaulichen, begründen oder beweisen etwas. Und man überlegt sich selbst Argumente. Es gibt überzeugende und weniger überzeugende Argumente.

2 Bewerten Sie die folgenden Argumente: Sind sie überzeugend oder nicht überzeugend?

Argument	überzeugend	nicht überzeugend
1. Ich glaube, dass Sport gut ist.	○	○
2. Man sollte Sport machen, weil mir das auch Spaß macht.	○	○
3. In diesem Artikel steht, dass Sport das Immunsystem stärkt.	○	○
4. Man sollte Sport machen, weil das gut für die körperliche und psychische Gesundheit ist.	○	○
5. Menschen mit Übergewicht machen nie Sport.	○	○
6. Wer Sport macht, ist erfolgreicher und hat mehr Freunde.	○	○

3 Lesen Sie Merkmale für überzeugende und nicht überzeugende Argumente. Ordnen Sie die Argumente aus Aufgabe 2 zu. Schreiben Sie die Nummern der Argumente in die Kästen.

Überzeugende Argumente ...

1. können allgemeingültige Tatsachen sein. ☐

2. kann man belegen. ☐

Schwache Argumente ...

1. sind zum Beispiel unbegründete Meinungen. ☐

2. behaupten etwas, was man nicht belegen kann. ☐

3. sind zum Beispiel Vorurteile. ☐

4. sind zum Beispiel Einzelfälle, die man verallgemeinert. ☐

4 Arbeiten Sie in Gruppen. Wählen Sie gemeinsam ein Thema aus dem Kasten. Oder überlegen Sie sich ein eigenes Thema.

- Soll Rauchen im Zug verboten sein?
- Sollte man in jeder Situation die Wahrheit sagen?
- Sollten Kleinkinder Computerspiele spielen dürfen?
- Sollte man in der Schule bestraft werden, wenn man zu spät kommt?

5 Notieren Sie Ihre begründete Meinung zu dem Thema. Notieren Sie dann ein überzeugendes Argument.

Meine Meinung:

_____
_____
_____
_____

Mein Argument:

_____
_____
_____

6 Lesen Sie in der Gruppe Ihre Meinungen und Argumente vor. Diskutieren Sie dann.

7 Notieren Sie das überzeugendste Argument, das Sie in der Diskussion gehört haben.

_____
_____
_____
_____

8 Besprechen Sie in der Klasse: Hat ein gutes Argument von einem Mitschüler oder einer Mitschülerin Ihre Meinung verändert?

Rückblick: Was steckt hinter den Texten?

Lesen Sie die Texte und beantworten Sie zu jedem die Fragen:
1. Was für eine Art Text ist das?
2. Wo kann der Text stehen?
3. Wie bewerten Sie den Text?

User:
Datum:

„Hallo Leute! Ich habe für euch den neuen Lippenstift von meiner Lieblingsmarke ausprobiert. Hier seht ihr mein Video!"

 Das Video ist total langweilig und bescheuert. Wer so was postet, den sollte man sofort sperren.

Absender:
Betreff:

Wir haben Sie ausgewählt: Super Jobangebot nur heute!!! 5.000 Euro im Monat garantiert!!!
Klicken Sie hier: www.superjobnurheute.de

Zubereitung

1. Zwiebeln schneiden und anbraten.
2. Reis dazugeben, kurz mitbraten.
3. Wasser dazugeben und aufkochen lassen.

Hey Leute, das habe ich heute in der Nähe vom Hauptbahnhof gesprayt. Denkt an mich, wenn ihr daran vorbeigeht!

5 Mein Arbeitsalltag: Kommunikation in der Ausbildung

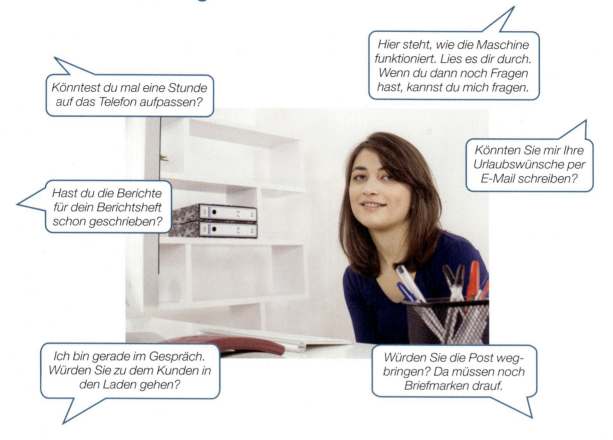

Worum es in diesem Kapitel geht:

Wie telefoniere ich mit Kunden?

Wie schreibe ich eine Telefonnotiz?

Wie schreibe ich geschäftliche Briefe und E-Mails?

Wie führe ich mein Berichtsheft?

Wie sieht ein gutes Protokoll aus?

Wie führe ich ein Kundengespräch?

Kommunikationspartner in der Ausbildung

 1 Ordnen Sie die Personen den Kästen zu: Mit wem kommunizieren Sie in der Ausbildung?

Lehrkräfte ■ Kundinnen und Kunden ■ Mitschülerinnen und Mitschüler ■ Mitarbeiter und Mitarbeiterinnen ■ Zuliefernde ■ Azubis ■ Vorgesetzte

In der Berufsschule

Im Betrieb, täglich/wöchentlich

Im Betrieb, unregelmäßig

Kommunikation bei der Arbeit funktioniert oft anders als im Bekanntenkreis oder in der Schule. Arbeitskollegen sind nicht automatisch Freunde, auch wenn bei der Arbeit Freundschaften entstehen können. Wer neu im Betrieb ist, erzählt am Anfang nicht zu viel Privates von sich. Und den neuen Kollegen und Vorgesetzten stellt man keine zu persönlichen Fragen.

2 Nennen Sie Gründe, warum man mit neuen Kollegen und Vorgesetzten nicht gleich sprechen sollte wie mit Freunden. Vergleichen Sie Ihre Notizen in der Klasse und diskutieren Sie.

_____

_____

_____

_____

3 Notieren Sie Themen, über die man ohne Probleme mit neuen Kollegen sprechen kann. Notieren Sie dann Themen, über die man nicht gleich sprechen sollte.

> **Tipp:**
> Lesen Sie auch auf Seite 12 „Sich kennenlernen" und Seite 28 „Small Talk".

geeignete Themen	ungeeignete Themen

4 Notieren Sie die Personen aus Aufgabe 1, die Sie siezen.

_____

_____

5 Beantworten Sie die Fragen. Vergleichen Sie dann mit Ihrem Sitznachbarn oder Ihrer Sitznachbarin.

1. Alle Kollegen duzen den Chef. Aber Ihnen hat er das „Du" noch nicht angeboten. Duzen Sie ihn auch oder siezen Sie ihn?

_____

_____

2. Mit welchen Personen aus Aufgabe 1 sprechen Sie täglich oder wöchentlich?

_____

_____

3. Mit welchen Personen aus Aufgabe 1 sprechen Sie am Telefon?

_____

_____

4. Welchen Personen aus Aufgabe 1 schreiben Sie eher E-Mails?

_____

_____

5. Mit welchen Personen aus Aufgabe 1 können Sie sich privat verabreden? Begründen Sie Ihre Auswahl.

_____

_____

Telefonieren

Ein berufliches Telefonat ist anders als ein privates. Sie halten bestimmte Höflichkeitsregeln ein. Und Sie sprechen klar und eindeutig, damit es keine Missverständnisse gibt.

 1 Suchen Sie mit einem Partner oder einer Partnerin Beispiele für Probleme, die durch Missverständnisse im Betrieb entstehen können.

Die Begrüßung

 2 Kreuzen Sie die Begrüßungsformeln an, die für ein berufliches Telefonat geeignet sind.

Wenn ich einen Anruf annehme	Wenn ich selbst anrufe
○ Ja?	○ Guten Morgen. Ich brauche …
○ Firma Wohlgemut, Sie sprechen mit Henner Fink.	○ Guten Morgen, hier ist die Firma Wohlgemut, Henner Fink. Ich bräuchte …
○ Hallo.	○ Hallo, ich bin Henner. Ich hätte gern …
○ Henner Fink, Firma Wohlgemut, guten Tag.	○ Hallo, hier ist Henner Fink von der Firma Wohlgemut. Ich hätte gern …

Klare Kommunikation

Für berufliche Telefonate ist es wichtig, klare Verabredungen zu treffen. Überlegen Sie, was Sie selbst vereinbaren können oder wen Sie für eine Entscheidung brauchen.

 3 Kreuzen Sie an, was Sie sagen, wenn Sie etwas nicht beantworten können.

1. Das weiß ich leider nicht. ○
2. Keine Ahnung. ○
3. Das kann ich nicht selbst entscheiden. Da müssten Sie mit Frau Scheuer sprechen. Sie ist heute Nachmittag erreichbar, ab 14:00 Uhr. Oder soll sie Sie zurückrufen? ○

Wenn Sie ein Anliegen nicht selbst lösen können, sagen Sie dem Anrufer,
- wer der geeignete Ansprechpartner ist,
- wann die Person erreichbar ist.
- Verabreden Sie die Form der *Kommunikation*: erneuter Anruf, Rückruf, E-Mail.

Nachfragen

Wenn Sie etwas nicht verstehen, fragen Sie höflich nach. Dann gibt es keine Missverständnisse oder fehlende Informationen.

4 Wählen Sie die Nachfragen, die für ein berufliches Gespräch oder Telefonat geeignet sind.

1. Was?
2. Wie bitte?
3. Könnten Sie das wiederholen?
4. Wie war der Name?
5. Das verstehe ich nicht ganz. Warum ...? Wie ..? Was ...?
6. Was wollen Sie?!
7. Also, ich verstehe kein Wort.

Verabschiedung

Am Ende eines Telefonats ist es gut, die Ergebnisse der Verabredungen noch einmal zusammenzufassen. Anschließend verabschieden sich die Gesprächspartner höflich.

Beispiel:
„Dann melde ich mich am Montag bei Ihnen. Schönes Wochenende, Tschüss!"
„Dann schicke ich Ihnen die Rechnung noch mal zu. Danke für Ihren Anruf. Tschüss!"
„Dann sage ich der Chefin Bescheid, und die meldet sich dann bei Ihnen. Tschüss!"

5 Lesen Sie das Telefonat. Kreuzen Sie an, was Maria gut oder nicht gut macht.

„Hallo, hier ist Maria Adam."

„Bitte? Bin ich da richtig bei der Firma Schmidtbauer?"

„Ja, da sind Sie richtig. Was kann ich für Sie tun?"

„Ihre Firma hat letztes Wochenende bei mir einen Anschluss gelegt, und da tropft jetzt Wasser raus. Was soll ich machen?"

„Das kann ich Ihnen nicht sagen, ohne es gesehen zu haben. Wir müssten einen Termin machen. Passt Ihnen morgen um 11:00 Uhr?"

„Ja, das kann ich einrichten."

„Dann kommt morgen ein Kollege vorbei. Tschüss!"

„Tschüss!"

	gut	nicht gut
1. Begrüßung		
2. Höflichkeit		
3. klaren Termin machen		
4. Zusammenfassung und Verabschiedung		
5. Namen und Adresse des Kunden erfragen		

Die Telefonnotiz

Wenn Sie im Betrieb telefonieren, geben Sie häufig Informationen an andere Mitarbeiter weiter. Sie können sich nicht jeden Anruf mit Namen und Telefonnummer merken. Fertigen Sie also für jedes Telefonat eine Telefonnotiz an. Dann können die Kollegen die Notizen lesen, auch wenn Sie sie gerade nicht persönlich antreffen.
Eine Telefonnotiz kann auf Papier sein oder digital. Das machen Betriebe unterschiedlich.

1 Lesen Sie, worauf Sie bei einer Telefonnotiz achten können. Ergänzen Sie im Text die Wörter aus dem Kasten.

Telefonnummer ▪ Gefühlslagen ▪ Anrufenden ▪ Name ▪ Person ▪ Faxnummer ▪ Uhrzeit ▪ Lösung

Konzentrieren Sie sich vor allem auf das Telefonat. Schreiben Sie beim Telefonieren diese Informationen gleich mit:

■ _____ der Firma und des Anrufenden,

■ _____ für Rückrufe,

■ E-Mail oder _____, wenn nötig.

Merken Sie sich auch folgende Informationen. Ergänzen Sie sie nach dem Telefonat:

■ Datum und _____ des Anrufs,

■ Anliegen des _____,

■ verabredete _____ oder Lösungsmöglichkeiten,

■ Namen der _____ im Betrieb, die sich darum kümmert,

■ besondere _____ der anrufenden Person (wütend, ratlos, freudig).

2 Besprechen Sie in der Klasse, warum man all diese Informationen braucht.

3 Überlegen Sie, welches Problem entstehen kann, wenn eine bestimmte Information fehlt. Notieren Sie.

_____

_____

_____

_____

4 Lesen Sie das Gespräch in Partnerarbeit vor. Füllen Sie dann die Telefonnotiz für Marvin Geissen aus.

„Friseursalon Haarlem, Sie sprechen mit Marvin Geissen, guten Tag?"
„Guten Tag. Mein Name ist Huber. Ich habe mir letzte Woche bei Ihnen blonde Strähnchen machen lassen. Jetzt würde ich gern komplett schwarz überfärben. Da wollte ich fragen, ob das geht, oder ob die Strähnchen sich dann verfärben."
„Das kann ich Ihnen leider nicht beantworten, ich bin noch in der Ausbildung. Ich kann Ihnen anbieten, dass meine Kollegin Sie gleich zurückruft."
„Können Sie sie nicht gleich ans Telefon rufen?"
„Es tut mir leid, aber meine Kolleginnen sind zurzeit alle bei Kunden. Die erste, die fertig wird, werde ich bitten, Sie zurückzurufen. Ich denke, es dauert höchstens 15 Minuten."
„Ok, dann machen wir das. Aber wirklich in 15 Minuten."
„Dann geben Sie mir doch mal Ihre Telefonnummer und Ihren Namen bitte."
„Mein Name ist Greta Huber und meine Telefonnummer ist 0911-123 54."
„Vielen Dank. Ich sage der Kollegin Bescheid. Tschüss!"
„Tschüss."

Telefonnotiz

Anrufer (Name)		
Name: _____	Datum: _____	Telefon: _____
Firma: _____	Uhrzeit: _____	E-Mail: _____
		Fax: _____
Anliegen:	Vereinbart:	Gespräch geführt von:

Kundengespräche

 1 Sammeln Sie in der Klasse Berufe, die mit Kunden zu tun haben.

 2 Lesen Sie die Schritte bei einem Kundengespräch. Schreiben Sie die Sätze in der richtigen Groß- und Kleinschreibung.

Die Begrüßung

ZUERSTBEGRÜßTMANDENKUNDENFREUNDLICH.DABEISOLLTEMANLÄCHELNUNDAUGENKONTAKT HALTEN.

Kundenwunsch erfragen

DANNFRAGTMANDENKUNDENNACHSEINENWÜNSCHEN.DABEIHÖRTMANAUFMERKSAMZUUND STELLTNACHFRAGEN.DIEANTWORTENKANNMANDANNKURZZUSAMMENFASSEN.

Ein Angebot machen

WENNMANDENKUNDENWUNSCHKENNT,MACHTMANEINANGEBOT.DASANGEBOTSOLLTEZUDEMPASSEN, WASDERKUNDEMÖCHTE.

Die Reaktion des Kunden erfragen

DANACHFRAGTMAN,WASDERKUNDEVONDEMANGEBOTHÄLT.WENNDERKUNDEABLEHNT,MACHTMANE INANDERESANGEBOT.MANCHMALMUSSMANNOCHFRAGENBEANTWORTEN.

Den Kauf beschließen

WENNDERKUNDEINANGEBOTVONIHNENANNIMMT,KÖNNENSIEESNOCHEINMALZUSAMMENFASSEN. SIEKÖNNENAUCHBESTÄTIGEN,DASSDIEKAUFENTSCHEIDUNGGUTIST.

Das Gespräch beenden

EINEHÖFLICHEVERABSCHIEDUNGISTWICHTIG.SONSTDENKTDERKUNDE,SIEVERLIERENDASINTERESSE, WENNDERKAUFVEREINBARTIST.LÄCHELNSIEUNDHALTENSIEAUGENKONTAKT.

3 Lesen Sie das folgende Gespräch leise. Setzen Sie die Wörter aus dem Kasten ein. Lesen Sie den Text dann in Partnerarbeit laut.

bräuchten ■ kann ■ melde ■ Möglichkeiten ■ erreichen ■ doch mal ■ lieber ■ Kettenschaltung

In der Fahrradwerkstatt

„Guten Morgen."

„Guten Morgen. Was _____ ich für Sie tun?"

„Meine Gangschaltung geht nicht mehr richtig. Ich kann nicht mehr in den vierten Gang schalten."

„Dann holen Sie das Fahrrad _____ rein, dann schaue ich es mir an."

Die Kundin holt das Fahrrad rein.

„Ja, ich sehe, was das Problem ist. Ich kann Ihnen zwei _____ anbieten: Entweder stelle ich die Gangschaltung neu ein, aber dann haben Sie das Problem bald wieder. Die Gangschaltung ist alt. Oder Sie nehmen eine neue Gangschaltung. Was ist Ihnen _____?"

„Das kommt auf den Preis an. Was kostet denn eine neue Gangschaltung?"

„Mit Einbau ab 120 Euro. Das Einstellen kostet 15 Euro, aber das würde nur ein paar Wochen vorhalten. Irgendwann _____ Sie dann eine neue Gangschaltung.

„Dann lassen Sie uns gleich eine neue Schaltung nehmen. Aber die günstigste bitte."

„In Ordnung, also einmal _____ komplett mit Einbau. Sagen Sie mir Ihren Namen und eine Telefonnummer, unter der ich Sie _____ kann? Dann rufe ich Sie an, wenn das Rad fertig ist."

„Mein Name ist Johanna Kawasaki, und meine Telefonnummer 56798, hier in Nürnberg."

„Gut, dann _____ ich mich bei Ihnen. Wahrscheinlich Dienstag oder Mittwoch. Schönen Tag noch!"

„Danke, Wiedersehen!"

4 Finden Sie im Text oben die einzelnen Schritte aus Aufgabe 2. Markieren Sie die Stellen.

Das Mitarbeitergespräch

Ein Mitarbeitergespräch ist ein Gespräch zwischen einer Führungskraft und einem Mitarbeiter oder Auszubildenden. Der Termin für das Gespräch wird vorher vereinbart, sodass sich beide darauf vorbereiten können.

Einige Betriebe führen regelmäßig Mitarbeitergespräche. Dadurch verbessern sie die *Kommunikation* und das Vertrauen zwischen der Leitung und den Mitarbeitern. Andere Betriebe führen Mitarbeitergespräche nur zu bestimmten Anlässen.

1 Ordnen Sie die Bedeutung der Ausdrücke links zu. Tragen Sie die Lösung auf den Schreiblinien ein. Anlässe sind zum Beispiel:

1. Konflikte	**a** Die Leitung sagt, ob sie mit dem Azubi zufrieden ist.
2. Ende der Probezeit	**b** Führungskraft und Azubi überlegen, wie es weitergeht.
3. Leistungsbeurteilung	**c** Nach 1 bis 4 Monaten wird entschieden, ob die Ausbildung weitergeht.
4. berufliche Zukunftsplanung	**d** Es gibt Streit oder Probleme im Betrieb.

_____

_____

_____

_____

2 Lesen Sie die folgenden Aussagen. Ordnen Sie sie dann in der Tabelle zu. Tragen Sie die Nummern der Aussagen ein.

1. „Ich weiß, ich bin immer zu unordentlich. Ich komme auch oft zu spät."
2. „Ich habe eine Frage zu dem neuen Projekt: Haben Sie mich mit eingeplant?"
3. „Natalie, die macht immer alles auf die letzte Minute. Die hält den ganzen Laden auf."
4. „Ich habe in drei Projekten mitgearbeitet. Eins davon hat mir besonders gut gefallen."
5. „Die Kommunikation mit der Firma X fand ich nicht so gut. Sie haben zum Beispiel mehrfach Bauteile bestellt, die sie dann doch nicht haben wollten."
6. „Das Projekt habe ich ganz alleine geschafft. Ohne mich wäre da gar nichts gegangen."

In einem Mitarbeitergespräch sollte man ...		In einem Mitarbeitergespräch sollte man NICHT ...	
... erzählen und sagen, was man denkt.		... über Kollegen lästern.	
... selber Fragen stellen.		... nur über die eigenen Schwächen reden.	
... konkrete Beispiele bringen.		... die eigenen Stärken übertreiben.	

Bekommt ein Mitarbeiter eine Einladung zum Mitarbeitergespräch, sollte er nicht auf einmal seine Arbeitsweise ändern. Die Leitung würde merken, dass er es nur wegen des Gesprächs macht. In einem Mitarbeitergespräch gilt für Mimik und Gestik dasselbe wie im Bewerbungsgespräch.

3 Sammeln Sie in der Klasse Regeln zu Mimik und Gestik in Bewerbungs- und Mitarbeitergesprächen. Hilfe finden Sie auf Seite 16 und Seite 127.

4 Arbeiten Sie zu zweit. Ergänzen Sie das Gespräch unten mit eigenen Ideen. Verteilen Sie dann die Rollen und spielen Sie es vor.

„Guten Morgen, Herr Gül. Setzen Sie sich."

„Guten Morgen. Danke sehr."

„Wir wollen heute über das Ende Ihrer Probezeit sprechen. Und dann entscheiden wir, wie es weitergeht. Zuerst würde ich gern von Ihnen hören, wie Sie die Probezeit erlebt haben. Erzählen Sie mal."

„Also, für mich war die Probezeit _____

_____ .

Ich habe viel _____ .

Und ich habe viele _____ .

Zum Beispiel bin ich oft _____ .

Was mir am besten gefallen hat, war _____ .

Ein bisschen schwierig fand ich allerdings _____ ."

„Ja, das verstehe ich. Ich habe vorgestern mit Ihrer Ausbilderin gesprochen. Sie hat Sie gelobt und gesagt,

dass _____ .

Und den Eindruck habe ich auch. Ich finde, Sie arbeiten _____ und _____ .

Was Sie noch ein bisschen besser machen könnten, wäre _____ .

Aber ich würde mich sehr freuen, wenn Sie Ihre Ausbildung in unserem Betrieb weitermachen. Was sagen Sie?"

„Ja, ich würde auch gerne bleiben."

„Das freut mich. Dann auf gute Zusammenarbeit weiterhin."

„Ja, und vielen Dank für das Gespräch."

Der Ausbildungsvertrag

Berufsausbildungsvertrag
(§§ 10,11 Berufsbildungsgesetz - BBiG)

Zwischen dem Ausbildenden (Ausbildungsbetrieb)

Tel.-Nr. _____ Firmenident-Nr. _____

Restaurant Cevapcici

Inhaberin: Anita Vukovic

Straße, Haus-Nr.
Neue Straße 5

PLZ 50667 | Ort Köln

Telefon: 0221-451289

und der/dem Auszubildenden männlich ☐ weiblich ☐ divers ☐

Name, Vorname _____

Straße, Haus-Nr. _____

PLZ _____ Ort _____

Geburtsdatum _____ Geburtsort _____

Staatsangehörigkeit _____ Gesetzl. Vertreter¹⁾ Eltern ☐ Vater ☐ Mutter ☐ Vormund ☐

Namen, Vornamen der gesetzl. Vertreter _____

Straße, Haus-Nr. _____

PLZ _____ Ort _____

wird nachstehender Vertrag zur Ausbildung im Ausbildungsberuf **Koch / Köchin** nach Maßgabe der Ausbildungsordnung geschlossen

---

Änderungen des wesentlichen Vertragsinhaltes sind vom Ausbildenden unverzüglich zur Eintragung in das Verzeichnis der Berufsausbildungs-verhältnisse bei der Industrie- und Handelskammer anzuzeigen.

Die beigefügten Angaben zur sachlichen und zeitlichen Gliederung des Ausbildungsablaufs (Ausbildungsplan) sind Bestandteil dieses Vertrages.

A Die Ausbildungszeit beträgt nach der Ausbildungsordnung **36** Monate.
Die vorausgegangene Berufsausbildung/Vorbildung:

wird mit _____ Monaten _____ Tagen angerechnet, es wird hiermit eine entsprechende Verkürzung beantragt.

Das Berufsausbildungsverhältnis
beginnt am **21.9.2021**   endet am **20.9.2024**

B Die Probezeit (§1 Nr.2) beträgt **3** Monate.

C Die Ausbildung findet vorbehaltlich der Regelungen nach **D** (§3 Nr.12) in Restaurant Cevapcici, Neue Straße 5, 50667 Köln

D Ausbildungsmaßnahmen außerhalb der Ausbildungsstätte (§3 Nr.12) (mit Zeitraumangabe) _____

E Der Ausbildende zahlt dem Auszubildenden eine angemessene Vergütung (§ 5); diese beträgt zur Zeit monatlich brutto:

1. Ausbildungsjahr	2. Ausbildungsjahr	3. Ausbildungsjahr
€ 625	€ 700	€ 850

Soweit Vergütungen tariflich geregelt sind, gelten mindestens die tariflichen Sätze.

F Die regelm. tgl. Ausbildungszeit (§ 6 Nr.1) beträgt **8** Std.

G Der Ausbildende gewährt dem Auszubildenden Urlaub nach den geltenden Bestimmungen. Es besteht ein Urlaubsanspruch auf

Im Jahr	2021	2022	2023	2024
Werktage	6	25	25	19
Arbeitstage				

H Hinweis auf anzuwendende Tarifverträge und Betriebsvereinbarungen; sonstige Vereinbarungen

_____

Die beigefügten Vereinbarungen sind Gegenstand dieses Vertrages und werden anerkannt

_____, den _____

Der Ausbildende:

Stempel und Unterschrift

Der Auszubildende:

Vor- und Familienname

Die gesetzl. Vertreter des Auszubildenden:

Vater und Mutter/Vormund

1 Lesen Sie den Ausbildungsvertrag. Markieren Sie, was Sie nicht verstehen. Stellen Sie Ihre Fragen in der Klasse.

 2 Füllen Sie den Vertrag mit Ihren eigenen Angaben aus.

3 Beantworten Sie die Fragen zum Ausbildungsvertrag.

1. In welchem Beruf findet die Ausbildung statt? _____

2. Wie lange dauert die Ausbildung? _____

3. Wie lange können Sie oder der Betrieb von einem Tag auf den anderen kündigen? _____

4. Wie viel verdienen Sie im ersten Ausbildungsjahr? _____

5. Wie lange müssen Sie pro Tag arbeiten? _____

6. Wie viele Urlaubstage haben Sie in einem vollen Kalenderjahr? _____

Briefe beschriften und frankieren

In vielen Betrieben gehört es zu den Aufgaben von Auszubildenden, Briefe für den Versand vorzubereiten. Die Briefe werden gefaltet und in Umschläge gesteckt. Die Umschläge werden beschriftet und frankiert, also mit einer Briefmarke beklebt.

Beim Beschriften ist es wichtig, den Absender und den Empfänger an die richtige Stelle zu schreiben.
- Der Absender ist die Person oder Firma, die den Brief abschickt.
- Der Empfänger ist die Person oder Firma, die den Brief bekommt.

Beim Frankieren ist es wichtig, die richtige Briefmarke zu verwenden. Wenn das Porto nicht reicht, wird der Brief nicht zugestellt. Er kommt wieder zurück.

Oben links steht der Absender mit Namen und Anschrift.

Oben rechts kommt die Briefmarke oder maschinelle Frankierung hin.

Unten rechts steht der Empfänger mit Namen und Anschrift.

 1 Lesen Sie die folgenden Angaben zum Empfänger. Beantworten Sie dann die Fragen.

In Vino Veritas z. Hd. Frau Dusel Weinmarkt 9 97070 Würzburg	Siech Krankenkasse 53111 Bonn	Buchhandlung Ruf Postfach 3104 24103 Kiel

1. Was bedeutet „z. Hd."? _____

2. Warum ist für den zweiten Empfänger keine Straße angegeben? _____
_____

3. Was ist ein Postfach? _____

Achten Sie beim Frankieren auf die Größe und das Gewicht der Briefe. Es gibt verschiedene Kategorien von Briefen. Die Briefmarken haben unterschiedliche Preise.

2 Ordnen Sie die Überschriften aus dem Kasten richtig in der Tabelle zu.
Recherchieren Sie im Internet die passenden Preise.

Die Postkarte ■ Der Standardbrief ■ Der Kompaktbrief ■ Der Großbrief

Ein normaler Brief bis 50 g. Das sind mehr als drei Seiten.	Sie steckt nicht in einem Umschlag. Sie darf höchstens 23,5 cm lang sein.	Ein DIN-A4-Brief. Er darf bis 500 g wiegen.	Ein normaler Brief bis 20 g. Das sind eine bis drei Seiten.
Preis:	Preis:	Preis:	Preis:

3 Recherchieren Sie im Internet, wie Sie folgende Post frankieren:

1. Sie wollen einen DIN-A4-Brief verschicken, der 800 g wiegt. Was kostet die Briefmarke?

_____

2. Sie wollen ein kleines Buch verschicken. Es wiegt 1,5 kg. Was kostet die Briefmarke?

_____

3. Sie wollen einen normalen Brief von zwei Seiten nach Polen schicken. Was kostet die Briefmarke?

_____

4 Lesen Sie den Text. Beschriften und frankieren Sie dann den Brief.

Sie arbeiten für die Bäckerei Simon in Leipzig in der Stieglitzstraße 5. Die Postleitzahl ist 04103. Sie schicken einen an die Müllerei Ehrmann. Sie ist in 34117 Kassel, in der Storchenallee 7. Ansprechpartnerin ist Frau Schuschnik. Der Brief besteht aus zwei Seiten.

E-Mails schreiben im Betrieb

Innerhalb von Betrieben schreiben sich die Mitarbeiter häufig auch E-Mails. Man schreibt sie so ähnlich wie private Briefe. Sie bestehen aus Anrede, Text und Gruß. Anrede und Gruß sollten dazu passen, wie Sie auch mündlich mit dem Empfänger sprechen. Wenn Sie Ihren Kollegen „Pascal" nennen und duzen, tun sie das auch in der E-Mail. Wenn Sie Ihren Kollegen „Herr Krause" nennen und siezen, tun Sie das ebenfalls in der E-Mail.

 1 Markieren Sie in der E-Mail die Anrede, den Text und den Gruß.

2 Besprechen Sie in der Klasse: Was bedeutet „Kopie" und „Bcc"?

 3 Ordnen Sie die Anrede- und Grußformeln aus dem Kasten richtig in der Tabelle ein. Ordnen Sie sie dann innerhalb der Tabelle.

Liebe Sandra ■ Lieber Herr Ziebylski ■ Liebe Grüße ■ Viele Grüße ■ Herzliche Grüße ■ glg

	Anrede	Grußformel
1. Sie kennen die Kollegin oder den Kollegen gut und sagen „du".		
2. Sie kennen die Kollegin oder den Kollegen nicht sehr gut und sagen „Sie".		

 4 Lesen Sie die E-Mails. Nennen Sie jeweils die fehlenden Teile der E-Mails.

E-Mail	Hier fehlen
Lieber Goran, weißt du, wo der Schlüssel für die Werkstatt ist?	
Wo ist der Schlüssel für die Werkstatt?	
Hast du den Schlüssel? LG Sara	

> Wenn Sie einer Führungskraft schreiben, sind die Regeln vielleicht anders. Ist der Umgangston in der Firma eher persönlich, schreiben Sie der Führungskraft wie einem Kollegen oder einer Kollegin. Ist der Umgangston förmlicher, schreiben Sie lieber wie in einem Geschäftsbrief (siehe Seite 136).

5 Ihre Kollegin Britta ist krank. Schreiben Sie ihr eine E-Mail und wünschen Sie ihr gute Besserung.

Anrede:

Text:

Gruß:

Name:

6 Ihre Kollege Herr Sommer hat nächste Woche Urlaub. Sie brauchen vorher noch seine Unterschrift auf dem Lieferschein.

Anrede:

Text:

Gruß:

Name:

Geschäftliche E-Mails

E-Mails an Kunden, Zulieferer oder Behörden müssen formeller sein als E-Mails an Kollegen. Man schreibt geschäftliche E-Mails. Dafür gibt es einen bestimmten Aufbau. Manche Betriebe nutzen diesen Stil auch für Vorgesetzte.

1 Ergänzen Sie unten die Wörter aus dem Kasten.

Gruß ■ Empfänger ■ Schluss ■ Einleitung ■ Anrede ■ Hauptteil ■ Betreff

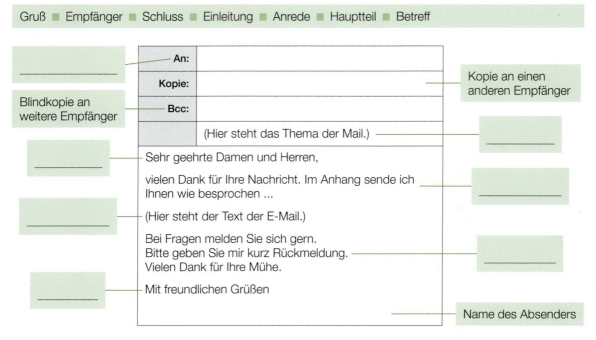

Der eigentliche Inhalt der E-Mail steht im Hauptteil.

> Warum es in einer geschäftlichen E-Mail nicht kürzer und einfacher geht:
> - In einer geschäftlichen Mail wird diese Form erwartet.
> - Diese Form ist höflich und drückt Respekt aus.
> - Eine formlose E-Mail, wie man sie an Freunde schickt, wirkt unprofessionell.

 2 Lesen Sie die E-Mail. Notieren Sie, was Herr Aziz möchte.

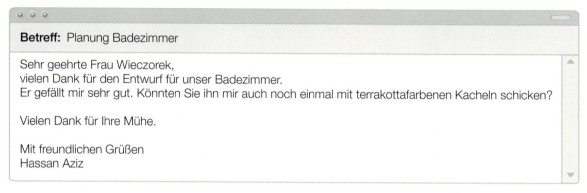

 3 Frau Senta Wieczorek ist Ihre Chefin. Beantworten Sie die E-Mail für sie.

Betreff	Re: Planung Badezimmer
Anrede	
Einleitung	
Hauptteil	
Schluss	
Gruß	
Name	

Geschäftliche Briefe

Geschäftliche Briefe haben wie geschäftliche E-Mails auch eine bestimmte Form. Sie sind recht ähnlich, enthalten aber einige Informationen mehr. Briefe verwendet man zum Beispiel, wenn das Schreiben eine rechtliche Bedeutung hat. Dann braucht man eine gültige Unterschrift. Briefe schickt man auch an Menschen, die nicht oft oder nicht gerne im Internet sind.

1 Ordnen Sie die Textbausteine in den Brief.

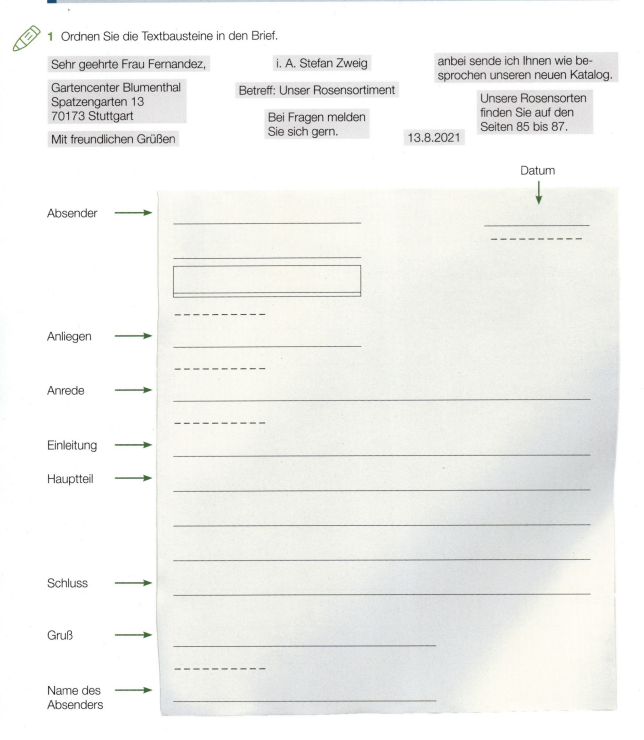

2 Sie arbeiten im Tierheim. Sie bekommen eine Anfrage von Frau Müller. Beantworten Sie die Anfrage mit einem geschäftlichen Brief. Verwenden Sie dazu die Informationen im Kasten.

Gerda Müller
Zeisigweg 4
76987 Neugraben

Tierheim Altenstadt
Sülzburger Straße 8
76922 Altenstadt

Neugraben, 25.6.2021

Sehr geehrte Damen und Herren,

haben Sie zurzeit eine Katze zu vermitteln? Ich suche eine Wohnungskatze. Sie kann gerne älter sein, aber sie sollte lieb und anhänglich sein. Ich wohne etwas außerhalb und bin nicht mehr so gut zu Fuß. Daher würde ich nur vorbeikommen, wenn Sie gerade eine Katze da haben, die zu mir passt.

Mit freundlichen Grüßen
Gerda Müller

Sie haben fünf Katzen zu vermitteln, die auf Frau Müllers Beschreibung passen. Frau Müller kann gern vorbeikommen. Die Besuchszeiten sind dienstags, donnerstags, samstags und sonntags von 14 bis 16 Uhr.

Absender	
Datum	
Anliegen	
Anrede	
Einleitung	
Hauptteil	
Schluss	
Gruß	
Name des Absenders	

Anlässe für geschäftliche Briefe oder E-Mails

Für geschäftliche E-Mails gibt es im Arbeitsalltag unterschiedliche Anlässe. Oft geht es um Aufträge, die ein Kunde einem Unternehmen geben möchte. Oder um Aufträge, die ein Unternehmen einer anderen Firma geben möchte. Das können zum Beispiel Bestellungen oder Aufträge für Dienstleistungen sein.

1 Lesen Sie die verschiedenen Anlässe für E-Mails. Ordnen Sie die passenden Begriffe als Überschriften zu.

Auftrag ■ Reklamation ■ Anfrage ■ Angebot ■ Auftragsbestätigung

_____

1. Ein Kunde fragt bei einem Unternehmen an, ob es einen bestimmten Auftrag ausführt. Der Kunde fragt nach dem Preis und nach weiteren Informationen. Das ist noch unverbindlich, das heißt, der Kunde erteilt noch nicht den Auftrag.

_____

2. Das Unternehmen antwortet und macht konkrete Vorschläge mit Preisen.

_____

3. Der Kunde entscheidet sich für einen Vorschlag. Er erteilt den Auftrag. Das heißt, er bestellt die Ware oder Dienstleistung verbindlich.

_____

4. Das Unternehmen bestätigt den Auftrag. Jetzt haben beide einen Vertrag geschlossen. Wenn eine Seite den Vertrag bricht, kann es Streit geben und vor Gericht enden.

_____

5. Manchmal wird beschädigte Ware geliefert. Oder die Ware ist nicht so, wie sie angeboten wurde. Dann schreibt der Kunde eine Reklamation. Er möchte entweder sein Geld zurück oder einen Ersatz.

2 Lesen Sie die folgenden Hauptteile aus E-Mails. Ordnen Sie ihnen die Anlässe aus Aufgabe 1 zu.

1. Wir möchten hiermit fünf Mülleimer 40 l in Grün bestellen.

2. Der Adapter, den wir bei Ihnen bestellt hatten, funktioniert leider nicht. Bitte schicken Sie uns zeitnah einen neuen Adapter. Teilen Sie uns bitte auch mit, wie wir mit dem alten verfahren sollen.

3. Leider ist vor drei Wochen unsere Gegensprechanlage kaputtgegangen. Der Hund hat sie aus der Wand gerissen. Im Anhang schicke ich Ihnen ein Foto davon, wie es jetzt aussieht. Können Sie die Anlage reparieren? Was würde das etwa kosten?

4. Gerne bestätigen wir Ihren Auftrag:
   - Abschleifen der Tür und neue Lackierung,
   - Abrechnung nach tatsächlichem Material- und Zeitaufwand

5. Die Schränke, die Sie in Ihrer Anfrage beschreiben, entsprechen unserem Aktenschrank Universal.

   Bezeichnung   Aktenschrank Universal
   Preis pro Stück 129 €

   Er besteht aus Stahlblech, hat vier Schubladen und ist abschließbar. Zurzeit ist er in den Farben Grau und Blau innerhalb von zehn Tagen lieferbar. Im Anhang sende ich Ihnen ein Bild.

Rechnungen

Herrn
Manfred Mustermann
Muster Straße 99
38999 Musterstadt

 Ihre Kundennummer:
0099999999 00001
(Bitte immer angeben)
0055/2063/100-0003

(Abwassergebührenbescheid der Wolfsburger
Entwässerungsbetriebe für Schmutzwasser)

Rechnung und Bescheid VR 9999999999 vom 21.07.2021
Ihre Verbrauchsstelle: Mustermann, Manfred
                         38999 Musterstadt Muster Straße 99 00000300 ③

Sehr geehrter Herr Mustermann,

heute erhalten Sie Ihre Rechnung über unsere Dienstleistungen für den Zeitraum 01.07.2020 - 30.06.2021.
Ihr Guthaben beträgt 566,70 EUR.

	Netto (EUR)	Umsatzsteuer (EUR)	%	Brutto (EUR)	
Strom HT Wirkverbrauch	822,06	156,19	19	978,25	
Wärme Raumwärme	312,59	59,39	19	371,98	
Gas	1.738,18	330,25	19	2.068,43	④
Wasser	163,97	11,48	7	175,45	
Kanal (s.Gebührenbescheid)	235,60	0,00	0	235,60	
Abrechnungskosten (Kostenverteilrechnung)	21,50	4,09	19	25,59	⑤
Gesamtbetrag	3.293,90	561,40		3.855,30	⑥
abzüglich Abschläge					
Strom	−720.94	−137,06		−858,00	
Fernwärme	−16.02	−78,98		−495,00	
Gas	−2.209,24	−419,76		−2.629,00	⑦
Wasser	−174,79	−12,21		−187,00	
Kanal	−253,00	−0,00		−253,00	
Rechnungsbetrag	−480,09	−86,61		−566,70	⑧
Saldenübernahme (Zahlungen wurden bis zum 21.07.2021 berücksichtigt.)				0,00	⑨
Ihr Guthaben				566,70	⑩

Ihr Guthaben überweisen wir auf Ihr Konto mit der IBAN DE46999999990999999900 bei der Musterbank Wolfsburg
(BIC CO99DEFFXXX). (Gläubiger ID: DE29ZZZ00000999930 Mandatsreferenz:
K0009999LSW009999999900000001)

Für das neue Abrechnungsjahr beträgt Ihr Abschlag 323,00 Euro. Bitte berücksichtigen Sie, dass die Abschläge ⑪
immer rückwirkend zu leisten sind (Beispiel: Fälligkeit 28.02.21 für Verbrauchsmonat Februar).
Weitere Informationen zu Ihrer Rechnung finden Sie auf den nächsten Seiten oder schauen Sie einfach auf
unsere Rechnungserläuterung unter www.muster-energie.de (Service/Musterrechnung).

Mit freundlichen Grüßen

Ihre Muster-Energie GmbH & Co. KG

1 Schauen Sie die Rechnung genau an. Beantworten Sie dann die Fragen.

1. Für welche Produkte oder Dienstleistungen ist die Rechnung ausgestellt?

_____

2. Muss Herr Mustermann etwas zahlen, oder bekommt er Geld zurück?

_____

3. Wie hoch ist der Betrag?

_____

2 Ordnen Sie die eingekreisten Nummern von der Rechnung hier zu.

1. Kosten insgesamt
2. Kosten für Strom, Wärme, Gas, Wasser und Abwasser
3. Höhe der Rechnung
4. Vorauszahlung von Herrn Mustermann für Strom, Wärme, Gas, Wasser und Abwasser
5. Guthaben oder Forderungen aus dem letzten Jahr
6. Höhe des Guthabens
7. Adresse des Empfängers
8. Kosten für die Abrechnung
9. Kundennummer
10. Rechnungsnummer und Rechnungsdatum

3 Beantworten Sie die Fragen in ganzen Sätzen.

1. Was ist der Unterschied zwischen der Kundennummer und der Rechnungsnummer?

_____

_____

2. Warum steht vor dem Rechnungsbetrag ein Minus?

_____

3. Wie viel Abschlag muss Herr Mustermann ab jetzt monatlich zahlen?

_____

4 Markieren Sie die Teile der Rechnung, die zu einem Geschäftsbrief gehören.

Bericht zum Arbeitsschutz

Betriebsanweisung

Name/Logo der Schule Für das Arbeiten mit **Fritteusen**

Raum

verantwortlich

Gefahren für Mensch und Umwelt

Es bestehen Gefährdungen durch:
- heiße Geräteteile und heißes Fett/Öl
- Quetsch- und Scherstellen an mechanischen Hebeeinrichtungen
- Aufstellen an ungeeigneten Orten
- Unzureichende Standsicherheit des Gerätes
- Fettdunst
- Fett- und Ölbrände
- die eingesetzte Heizenergie (elektrischer Strom)

Schutzmaßnahmen und Verhaltensregeln

- Beim Betrieb sind die Angaben des Herstellers zu beachten
- Durch geeignete Griffe muss sichergestellt werden, dass das Eintauchen und Herausnehmen des Fettbackkorbes oder des Frittierkorbes gefahrlos möglich ist
- Ablassvorrichtung (bei Geräten mit einem Gesamtgewicht einschließlich Öl von mehr als 10 kg oder einem Ölinhalt größer als 5 l) darf sich nicht durch versehentliches Anstoßen öffnen (Verwendung von Ventil mit Klappgriff, Drehknopf)
- Verdeckungen zwischen den mechanisch angetriebenen Hebe-/Senkvorrichtungen nicht entfernen
- Haltevorrichtung an den Körben benutzen
- Arretierungen der ausschwenkbaren Heizeinrichtungen benutzen
- Fritteusen möglichst nicht neben einem Wasserbad aufstellen
- Enganliegende, geeignete Kleidung und Schutzhandschuhe tragen
- Die Fritteuse darf nur von unterwiesenem Personal benutzt werden
- Die Fettfilter sind regelmäßig zu reinigen.
- Deckel für den Brandfall bereithalten

Verhalten bei Störungen und im Gefahrenfall

- **Fettbrände nicht mit Wasser löschen! Nach Möglichkeit nur mit dem dafür vorgesehenen Deckel zudecken. Geeigneten Feuerlöscher bereitstellen!**
- Bei Schäden, Ausschalten und Lehrer informieren
- Schäden nur vom Fachmann beseitigen lassen
- Bei der Reinigung sind hierzu die Angaben des Herstellers zu beachten

Erste Hilfe

- Den Lehrer (Ersthelfer) informieren (siehe Alarmplan)
- Verletzungen sofort versorgen
- Eintragung in das Verbandbuch vornehmen

Notruf: (0)112 **Krankentransport: (0)19222**

Instandhaltung, Entsorgung

- Mängel sind umgehend dem Lehrer bzw. Vorgesetzten zu melden
- Instandsetzung nur durch beauftragte und unterwiesene Personen
- **Jährlicher E-Check** durch eine Elektrofachkraft

Freigabe: Schulleitung   Bearbeitung: 12. Mai 2021

1 Lesen Sie die Betriebsanweisung für Fritteusen. Markieren Sie alle Wörter, die Sie nicht verstehen. Klären Sie sie in der Klasse.

 2 Arbeiten Sie in Gruppen. Schreiben Sie jeden Punkt in einen normalen Satz um. Jede Gruppe behandelt einen Absatz:
- **Gruppe A** schreibt die „Gefahren für Mensch und Umwelt" um. Für jeden Punkt beantwortet sie die Frage: „Was kann passieren?"
- **Gruppe B** schreibt die „Schutzmaßnahmen und Verhaltensregeln" um. Für jeden Punkt beantwortet sie die Frage: „Was muss man machen?" oder „Was darf man nicht machen?"
- **Gruppe C** schreibt das „Verhalten bei Störungen im Gefahrenfall" und die „Erste Hilfe" um. Für jeden Punkt beantwortet sie die Frage: „Was muss man machen?"

> **Beispiel:**
> Beim Betrieb sind die Angaben des Herstellers zu beachten.
> Wenn man das Gerät benutzt, muss man die Angaben vom Hersteller beachten.

> **Tipp:**
> Auch wenn ein Text am Anfang schwierig aussieht, kann man ihn sich erarbeiten. Es lohnt sich und manchmal ist es wichtig, zum Beispiel, wenn man gefährliche Maschinen bedient.

3 Lesen Sie Ihre Sätze in der Klasse vor.

Die Vorgangsbeschreibung

Eine Vorgangsbeschreibung ist ein Text, der dem Leser erklärt, wie er etwas machen soll.
- Jeder einzelne Schritt wird genau beschrieben.
- Die Reihenfolge der Schritte ist richtig.

1 Kreuzen Sie an, welche dieser Textsorten Vorgangsbeschreibungen sind.
- ○ Koch- oder Backrezepte
- ○ Fernsehprogramme
- ○ Einkaufszettel
- ○ Gebrauchsanweisungen für Geräte
- ○ Busfahrpläne
- ○ Spielanleitungen
- ○ Aufbauanleitungen für Möbel

2 Lesen Sie die folgende Vorgangsbeschreibung und ordnen Sie die Wörter zu.

Anleitung: Ein kleines Regal selber bauen

befestigt ■ markiert ■ Befestigung ■ legen ■ Markieren ■ geschraubt ■ gebohrt

1. Bevor Sie mit der Arbeit beginnen, _____ Sie ein Brett, drei Winkel, sechs kleine Schrauben, ein Zentimetermaß, einen Bleistift und einen Schraubenzieher bereit. Für die _____ an der Wand brauchen Sie außerdem drei Dübel, drei lange Schrauben und eine Bohrmaschine.

2. Zuerst messen Sie das Brett aus.

3. Dann werden die Stellen am Brett _____, an denen Sie die Winkel befestigen möchten. Eine Markierung wird in der Mitte angebracht, die anderen beiden links und rechts in demselben Abstand.

4. Nun werden die Winkel auf die Markierungen _____. Verwenden Sie dazu die kleinen Schrauben und den Schraubenzieher.

5. Danach halten Sie das Regal so an die Wand, wie Sie es aufhängen möchten. _____ Sie mit dem Bleistift die Bohrstellen an der Wand.

6. Wenn Sie die Stellen markiert haben, werden die Löcher in die Wand _____. Drücken Sie dann die Dübel in die Wand.

7. Zum Schluss wird das Regal mit den langen Schrauben in den Dübeln _____.

Anleitung: Ein Kochrezept

3 Schreiben Sie ein vollständiges Rezept. Gehen Sie so vor:
1. Markieren Sie zuerst die Satzanfänge in Aufgabe 2.
2. Nummerieren Sie die Schritte in der richtigen Reihenfolge.
3. Schreiben Sie dann mit den Satzanfängen aus Aufgabe 2 eine Vorgangsbeschreibung.

Zutaten:
400 g Kartoffeln
1 EL Olivenöl
1 EL gehacktes Rosmarin
1 TL Meersalz
1 Knoblauchzehe, gepresst

Rosmarinkartoffeln aus dem Ofen

- [ ] in einer Schüssel die Kartoffelstücke mit den anderen Zutaten mischen
- [ ] Kartoffeln waschen und abtropfen
- [ ] Zutaten bereitlegen
- [ ] aus dem Ofen nehmen, wenn die Kartoffeln leicht braun werden
- [ ] Kartoffeln in Viertel schneiden
- [ ] Kartoffelmischung auf ein Rost mit Backpapier legen
- [ ] etwa 30 Minuten bei 200 Grad backen

So geht's:

1. _____

2. _____

3. _____

4. _____

5. _____

6. _____

7. _____

Berichtsheft

Wenn Sie eine Ausbildung machen, führen Sie ein Berichtsheft. Sie schreiben täglich oder wöchentlich auf, was Sie gemacht und gelernt haben. Sie können die Berichte während der Arbeitszeit schreiben. Das dauert entweder täglich fünf Minuten oder wöchentlich 25 Minuten. Einmal in der Woche oder einmal im Monat kontrolliert der Ausbilder die neuen Berichte und unterschreibt sie.

Regeln für das Berichtsheft

1. Schreiben Sie auf jedes Blatt Ihren Namen, das Ausbildungsjahr und den Berichtszeitraum.

   Beispiel:
   Paul Zuckermann, Ausbildungsjahr 1, Woche vom 22.3. bis 26.3.2021

2. Benutzen Sie das *Präteritum* (erste Vergangenheit).

   Beispiel:
   Der Ausbilder zeigte mir die Werkstatt. (Nicht: Der Ausbilder hat mir die Werkstatt gezeigt.)

3. Für die Sachen, die Sie erledigt haben, brauchen Sie keine ganzen Sätze. Schreiben Sie einfach Partizipien.

   Beispiel:
   Ware angenommen und verräumt, Ablaufdaten kontrolliert, Pfandautomaten geleert

4. Schreiben Sie keine persönlichen Erlebnisse oder Gefühle in den Bericht.

1 Markieren Sie die Informationen, die Tina ins Berichtsheft schreiben kann.

Tina erzählt von ihrer Ausbildung zur Goldschmiedin

Freitag früh habe ich ab 8 Uhr die Vitrinen saubergemacht. Das hat lange gedauert, weil sie absolut streifenfrei sein müssen. Sonst meckert Frau Dahl, und dann muss ich das nochmal machen. Dann habe ich in der Werkstatt Ketten und Ohrringe im Ultraschall gereinigt. Dann war Mittag, aber das ist immer nur eine halbe Stunde. Danach durfte ich endlich was Schönes machen: Marion hat mir gezeigt, wie man mit Rundzange und Seitenschneider Ösen biegt. Und dann war der Tag auch schon vorbei. Um 16:30 Uhr hatte ich Feierabend.

2 Lesen Sie Tinas Berichte für eine Woche. Beschreiben Sie mündlich, was Tina gemacht hat.

 3 Ergänzen Sie dann die Einträge für Freitag. Lesen Sie dazu noch einmal Aufgabe 1.

Ausbildungsnachweis Nr. **7**
Name der/des Auszubildenden: **Tina Riemschneider**
Ausbildungsberuf: **Goldschmiedin**   Ausbildungsjahr: **1**
Ausbildungswoche vom **25.10.** bis **30.10.2021**

Tag	Tätigkeit im Betrieb, Themen in der Berufsschule, ggf. Fehlzeiten	Ort/Bereich	Stunden
Mo	Deutsch: Erörterung Fachkunde: Edelsteinkunde Mathematik: Fachrechnen WiSo: Betriebliche Mitbestimmung	Berufsschule	8
Di	Schaufenster gereinigt, beim Umdekorieren geholfen. Als viele Kunden auf einmal im Laden waren, bat mich Frau Dahl, den Erstkontakt zu übernehmen, bis sie selbst Zeit für die Kunden hat.	Verkaufsraum	8
Mi	Perlenketten für neues Auffädeln vorbereitet, Perlen im Ultraschall gereinigt. Werkstatt gereinigt. Schmutz wegen Goldresten und Goldstaub für die Scheideanstalt eingepackt.	Werkstatt	8
Do	Frau Dahl zeigte mir den Umgang mit der Kundendatei. Kundendaten herausgesucht, neue Datensätze angelegt.	Verkaufsraum/Werkstatt	8
Fr			
Sa			
	Wochenstunden:		40

Notizen zu Fachbegriffen und Lerninhalten:

Rundzange: zum Biegen von Ösen
Scheideanstalt: Da wird der Goldstaub aus dem Werkstattschmutz geholt. Wir schicken unseren Schmutz da hin.
Wasserbad im Ultraschallgerät: nur Wasser und ein bisschen Spülmittel

Datum, Unterschrift Auszubildender   Datum, Unterschrift Ausbildender

Protokoll

Wenn es im Betrieb eine Besprechung gibt, führt oft eine Person Protokoll. Das heißt, sie notiert alles, was bei der Besprechung wichtig ist. Damit können sich später auch alle daran erinnern und zum Beispiel an eine Absprache halten. Im Protokoll lässt sich nachlesen, was genau besprochen wurde. Außerdem erfahren die Kolleginnen und Kollegen, die nicht bei der Besprechung waren, worüber die anderen gesprochen haben.

 1 Arbeiten Sie in Vierergruppen. Verteilen Sie die Rollen und lesen Sie die Besprechung vor.

Personen: Ausbilder Herr Wondratschek, Auszubildende Stefanie Klein, Hassan al Ali, Aster Gebramariam

Ort: Der Ausbildungsbetrieb ist eine Großküche in einer Universitätsmensa.

Herr W.: Herzlich willkommen zu unserer Freitagsrunde. Ich schlage zwei Tagesordnungspunkte vor: Erst mal eine Wie-geht-es-dir-Runde, und dann die Pläne für die nächste Woche. Aster, führst du Protokoll? Danke. Heute ist der 5. Juni, es ist 16:30 Uhr. Knut ist noch krankgeschrieben, der kommt heute nicht. Möchte noch jemand einen Tagesordnungspunkt aufnehmen?

[allgemeines Kopfschütteln]

Dann fangen wir mit der Wie-geht-es-dir-Runde an. Hassan, fängst du an?

Hassan: Mir geht es gut. Ich bin ganz zufrieden mit der Woche. Und ich habe jetzt mein Berichtsheft auf dem aktuellen Stand.

Stefanie: Mir geht es nicht ganz so gut. Ich habe gestern wieder mit Frau Gabler gestritten. Sie meinte, ich hab die Wärmeplatten nicht heiß genug gemacht, und das Essen ist kalt geworden. Aber das war nicht meine Schuld.

Herr W.: Du hast schon öfter von Problemen mit Frau Gabler erzählt. Wollen wir mal zusammen mit ihr sprechen?

Stefanie: Ja, gerne. Sonst war alles in Ordnung diese Woche.

Aster: Hier im Betrieb läuft bei mir auch alles gut. Aber ich habe Probleme in der Berufsschule. Ich komme in Fachkunde nicht mit. Ich verstehe die Lehrerin so schlecht, und das Buch hilft mir auch nicht weiter.

Herr W.: Dann würde ich den TOP 2 aufmachen. Wollen wir für Mittwoch eine Stunde Fachkunde verabreden? Wer von euch möchte noch mitmachen? Alle drei? Dann machen wir das, Mittwoch um 17 Uhr im Besprechungszimmer. Noch ein Wunsch für nächste Woche?

Hassan: Ja. Nächsten Freitag wird das Stadtfest eröffnet. Können wir da früher gehen? Vielleicht um 2 Uhr?

Herr W.: Nein, das geht leider nicht. Ich kann euch nicht alle vier beurlauben. Dann müssen die anderen alleine putzen und aufräumen. Möchte noch jemand etwas sagen? Gut, dann wünsche ich euch ein schönes Wochenende.

2 Füllen Sie das Protokoll mit den Angaben aus Aufgabe 1 aus.

Protokoll

Datum und Uhrzeit: _____

Anwesend: _____

_____

_____

Abwesend/entschuldigt: _____

Besprechungsleitung: _____

Protokollierende(r): _____

Thema: Freitagsbesprechung der Auszubildenden

Tagesordnung

TOP 1: _____

TOP 2: _____

Zu TOP 1:
– Hassan hat sein Berichtsheft aktualisiert.
– Stefanie hat Streit mit Frau Gabler. Herr W. bietet ein Gespräch mit den beiden für nächste Woche an.
– Aster hat Probleme in Fachkunde.

Zu TOP 2:
– Nächste Woche Mittwoch, 17 Uhr im Besprechungszimmer: Nachhilfe in Fachkunde mit Herrn W.
– Hassans Wunsch auf Beurlaubung für das Stadtfest hat Herr W. abgelehnt.

Unterschrift der/des Protokollierenden: _____

Rückblick: Mein Arbeitsalltag: Kommunikation in der Ausbildung

 Überprüfen Sie für sich: Wie gut fühlen Sie sich auf Ihre Ausbildung vorbereitet? Kreuzen Sie an. Vergleichen Sie dann in der Klasse.

	Kein Problem	Das geht schon irgendwie	Bloß nicht
1. Sie beantworten im Ausbildungsbetrieb einen Anruf.	○	○	○
2. Sie schreiben eine Telefonnotiz für ihre Kollegen.	○	○	○
3. Sie führen ein Kundengespräch.	○	○	○
4. Sie werden zum Mitarbeitergespräch gebeten.	○	○	○
5. Sie bekommen einen Ausbildungsvertrag und lesen ihn durch.	○	○	○
6. Sie beschriften und frankieren die Post.	○	○	○
7. Sie schreiben eine E-Mail an Ihre Chefin.	○	○	○
8. Sie schreiben eine E-Mail an einen Kunden.	○	○	○
9. Sie sollen eine Rechnung überprüfen.	○	○	○
10. Sie lesen eine Betriebsanweisung.	○	○	○
11. Sie schreiben die Berichte für Ihr Berichtsheft.	○	○	○
12. Bei einer Versammlung schreiben Sie ein Protokoll.	○	○	○

6 Schlüsselfertigkeiten

Was hat das Bild denn mit Diagrammen zu tun?

Worum es in diesem Kapitel geht:

Was für ein Lerntyp bin ich?

Wie frage ich richtig?

Wie erstelle ich Diagramme und Tabellen am besten?

Was macht einen guten Flyer aus?

Wie gestalte ich einen eigenen Flyer?

Lerntypen

Der Text und ich

Um Texte zu verstehen, braucht man neben dem Wissen über die Sprache auch Methoden. Eine Methode kann zum Beispiel eine Lesetechnik sein. Sie zeigt Ihnen, wie man einen Text liest und dabei möglichst viel versteht. Jeder lernt anders. Es gibt vier verschiedene Lerntypen:

Lernen durch **Sehen**
- Bilder, Videos
- Vokabeln groß aufschreiben
- Zettel in Wohnung verteilen

Visuell

Lernen durch **Hören**
- Vorträge/Präsentationen
- Dialoge
- sich abfragen lassen
- ruhige Umgebung

Auditiv

Lerntypen

Lernen durch **Bewegung**
- Herumlaufen
- Gestik/Mimik einsetzen
- Zettel in Wohnung verteilen
- praktische Anwendung

Motorisch

Lernen durch **Kommunikation**
- Diskussionen/Dialoge
- Lerngruppen
- sich abfragen lassen

Kommunikativ

 1 Vermuten Sie: Welcher Lerntyp sind Sie? Notieren Sie.

 2 Machen Sie nun den Lerntypen-Test auf der nächsten Seite.

Denken Sie daran, dass es auch Mischformen gibt. Der Test gibt nur eine grobe Einordnung an.

Die unterschiedlichen Lerntypen lernen unterschiedlich. Wenn Sie zum Beispiel ein motorischer Lerntyp sind, gehen Sie beim Vokabellernen im Raum oder draußen herum. Oft kann Ihnen auch Ihr Lehrer oder Ihre Lehrerin Methoden zeigen, die für Sie besonders gut ist.

Welcher Lerntyp bin ich?

Kreuzen Sie jeweils die Antworten an, die am besten auf Sie zutrifft.

Beim Lernen von Vokabeln …
- k treffe ich mich mit Freunden zum Abfragen.
- v schaue ich mir diese immer wieder auf meinen Karteikarten an.
- a hilft mir das Abspielen einer Audiodatei.
- m gehe ich gerne viel auf und ab.

In der Schule kann ich mich am besten konzentrieren, …
- m wenn wir viel in der Klasse herumlaufen dürfen.
- v wenn alle wichtigen Informationen auf der Tafel stehen.
- a wenn unsere Lehrkraft eine Audiodatei abspielt.
- k wenn wir als Gruppe an etwas arbeiten.

Am besten kann ich mir die Lerninhalte in der Schule merken, …
- a wenn sie jemand laut und deutlich erklärt.
- v wenn wir zu dem Thema eine Grafik oder ein Schaubild bekommen.
- k wenn ich mit meinen Mitschülerinnen und Mitschüler darüber spreche.
- m wenn ich sie beim Fahrradfahren noch einmal für mich durchgehe.

Wenn ich Zuhause etwas lerne, …
- k mache ich eine Lerngruppe und treffe mich mit meinen Mitschülern.
- v male ich mir große Plakate.
- m kann ich nicht gut still sitzen, sondern muss mich ständig bewegen.
- a lese ich mir die Lerninhalte oft laut vor.

Wenn ich ein neues Gerät kennenlernen soll, verstehe ich es am besten, wenn ich …
- m das Gerät selbst ausprobieren kann.
- v mir ein YouTube-Video dazu anschaue.
- k mir das Gerät von jemandem erklären lasse, der es schon kennt.
- a eine Sprachnachricht meiner Freundin anhöre, die das Gerät schon kennt.

Auswertung:
Zählen Sie, wie oft Sie den jeweiligen Buchstaben angekreuzt haben. Tragen Sie die Zahlen hier ein. Sie können sich dem Lerntypus mit der höchsten Zahl zuordnen.

a (auditiver Lerntyp) : _____   **v** (visueller Lerntyp) : _____

m (motorischer Lerntyp): _____   **k** (kommunikativer Lerntyp) : _____

2 Kreuzen Sie dann hier an, welcher Lerntyp Sie sind.
- Visueller Lerntyp
- Auditiver Lerntyp
- Motorischer Lerntyp
- Kommunikativer Lerntyp

Fragearten

Wenn Sie etwas nicht verstehen, können Sie in der Schule immer nachfragen.
Sagen Sie also zum Beispiel Ihrem Lehrer oder Ihrer Lehrerin: „Ich habe das nicht verstanden. Können Sie das bitte noch einmal wiederholen?"

 1 a Lesen Sie sich die Fragearten durch. Ergänzen Sie die Wörter aus dem Kasten.

reagieren ■ offen ■ Missverständnis ■ zwei ■ Neues

b Schreiben Sie dann zu jeder Frageart eine weitere Frage.

Geschlossene Fragen

Entscheidungsfragen

Bei den Entscheidungsfragen gibt es normalerweise nur _____ Antwortmöglichkeiten: ja oder nein. Das ist eine eindeutige Information. Man erfährt sonst nichts weiter.

Beispiel: „Wollen wir heute Abend ins Theater gehen?"

_____

Alternativfragen

Alternativfragen sind ähnlich wie Entscheidungsfragen, aber es werden Möglichkeiten vorgegeben.

Auch hier bekommt man eine genaue Information, aber erfährt nichts _____.

Beispiel: „Wollen wir lieber Pizza, Döner, Crêpes oder Currywurst essen?"

_____

Offene Fragen

W-Fragen

W-Fragen sind Fragen, die mit einem Fragewort mit dem Anfangsbuchstaben „W" beginnen. Im Deutschen gibt es viele solche Fragewörter, zum Beispiel: warum, wie, wer, wieso, wann. Es gibt keine bestimmte

Antwortmöglichkeit, das heißt die Antwort ist _____. Man kann also viel Neues zu dem Gefragten erfahren.

Beispiel: „Wie stellen Sie sich Ihren perfekten Arbeitsalltag vor?"

_____

Sonstige Fragen

Gegenfragen

Mit der Gegenfrage _____ Sie auf eine Frage mit einer Frage. Die Gegenfrage wird genutzt, wenn man noch Zeit zum Überlegen braucht oder keine Antwort auf etwas hat.

> **Beispiel:** „Warum dauert es so lange, bis du fertig bist?" „Warum drängelst du so?"

_____

Kontrollfragen

Kontrollfragen können Sie stellen, wenn Sie sich nicht sicher sind, ob Sie Ihren Gesprächspartner richtig verstanden haben. Damit kein _____ entsteht, ist es besser, noch einmal nachzufragen.

> **Beispiel:** „Verstehe ich Sie richtig, dass die Schrift auf der Torte rosa sein soll?"

_____

2 Nennen Sie die Frageart.

1. Möchtest du jetzt alleine sein?

   Entscheidungsfrage

2. Meinen Sie die Bushaltestelle am Westring, Richtung Kanal?

   _____

3. Warum haben Sie sich bei uns beworben?

   _____

4. Wollen Sie lieber das schwarze oder das dunkelblaue Hemd?

   _____

5. Wann beginnt die Spätschicht?

   _____

6. Möchten Sie an dem neuen Projekt mitarbeiten?

   _____

7. „Warum kommst du immer zu spät?" „Warum stellst du immer so viele Fragen?"

   _____

Tabellen

Tabellen verstehen

In Tabellen werden Informationen aufgeschrieben. Sie zeigen schnell und übersichtlich die Informationen, die wir brauchen. Wenn man weiß, wie man Tabellen lesen kann, sind sie sehr praktisch.

Eine Tabelle besteht aus *Zeilen* und *Spalten*.
Zeilen laufen waagrecht (horizontal →), also von links nach rechts.
Spalten laufen senkrecht (vertikal ↓), also von oben nach unten.

Tabellen haben oft eine Überschrift, die das Thema nennt. Für jede Spalte steht meistens oben, was in den Spalten angegeben ist. In der ersten Spalte links steht für jede Zeile, welche Informationen sich in dieser Zeile befinden.

Rangliste der Fußballweltmeisterschaft

Land	Landesflagge	Anzahl der WM-Titel	WM gewonnen in den Jahren
Brasilien	🇧🇷	5	1958, 1962, 1970, 1994, 2002
Deutschland	🇩🇪	4	1954, 1974, 1990, 2014
Italien	🇮🇹	4	1934, 1938, 1982, 2006

1 Nennen Sie ...
 a den Titel der Tabelle: Rangliste der Fußballweltmeisterschaft

 b den Inhalt der zweiten Spalte: _____

 c die Anzahl der WM-Titel, die Deutschland geholt hat: _____

 d die Jahreszahl, in der Italien das erste Mal die WM gewonnen hat: _____

 e die Farben der Flagge Italiens: _____

 f das Jahr, in dem Brasilien zuletzt die WM gewonnen hat: _____

Tabellen lesen

> Pläne lassen sich gut in einer Tabelle darstellen, zum Beispiel für einen zeitlichen Ablauf wie im Stundenplan in der Schule oder im Busfahrplan. Auch hier gibt es Zeilen und Spalten.

Kursplan im Fitnessstudio Swea

Wochentag / Uhrzeit	Montag	Dienstag	Mittwoch	Donnerstag	Freitag	Samstag	Sonntag
8:00–9:00	Yoga Kristin	Pilates Maria	Yoga Christin	Pilates Maria	Zumba Silas		
11:00–12:00	Zumba Caro	Spinning Florian	Kapow Ingmar	Rückenfit Nina			Yoga Patrick
18:00–19:00		BBP Patrick	Yoga Fabian	Salsa-Dance Luis	BBP Patrick	BBP Patrick	Kapow Ingmar
19:00–20:00	Zumba Silas	Tabata Kijoschi	Spinning Florian	Kickboxen Hanna	Yoga Patrick	Pilates Jan	Tabata Kijoschi
20:00–21:00	Aerobic Jens	Kapow Ingmar		Tabata Kijoshi	Aerobic Lisa		Zumba Silas

Busfahrplan

4550	Kiel – Neumünster – Hamburg Flughafen															4550
Autokraft GmbH, Bunsenstraße 2, 24145 Kiel																
	Montag–Freitag															
Fahrtnummer	001	003	005	007	009	011	101	113	013	117	015	017	019	021	023	025
Informationen zum Fahrplan																
Hinweise																
Kiel, Norwegenkai										10:45						
Kiel, Schwedenkai (Terminal)							9:55									
Kiel, Bahnhofsvorplatz	3:00	4:00	5:15	6:15	7:15	8:15	9:15	10:10	10:15	11:00	11:15	12:15	13:15	14:15	15:15	16:15
Grevenkrug, Abzw.																
Bordesholm, Rathje																
Bordesholm, Kreuzung																
Neumünster, Holstenhalle	3:20	4:20	5:40	6:40	7:40	8:40	9:40		10:40		11:40	12:40	13:40	14:40	15:40	16:40
Neumünster, ZOB/Bahnhof	3:30	4:30	5:50	6:50	7:50	8:50	9:50		10:50		11:50	12:50	13:50	14:50	15:50	16:50
Hamburg Airport	4:30	5:30	6:45	7:55	8:55	9:45		10:45	11:45		12:45	13:45	14:45	15:45	16:45	17:45

2 Benennen Sie,

a welcher Kurs am Freitag um 8:00 beginnt. Zumba

b an welchem Wochentag es Kickboxen gibt. _____

c um wie viel Uhr am Samstag Pilates beginnt. _____

d um wie viel Uhr der erste Bus von Kiel nach Hamburg fährt. _____

e um wie viel Uhr der letzte Bus von Kiel nach Hamburg fährt. _____

f wie viele Minuten die Fahrt von Kiel nach Hamburg um 8:15 dauert. _____

Diagramme

Diagramme sind grafische Bilder, die bestimmte Informationen zeigen. Sie stellen diese Informationen übersichtlich und anschaulich dar.

Diagrammarten

Es gibt verschiedene Arten von Diagrammen. Hier sehen Sie drei Diagrammarten:

■ **Kreisdiagramm/Tortendiagramm**
Das Kreis- oder Tortendiagramm ist geeignet, um Anteile von einem Ganzen zu zeigen.

Beispiel: Wie viele Sitze haben die Parteien im Deutschen Bundestag?

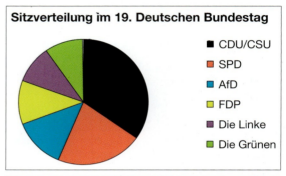

■ **Säulendiagramm**
Das Säulendiagramm ist zum Beispiel gut, um eine Veränderung über einen Zeitraum zu zeigen. Es gibt es eine x-Achse (waagrecht →) und eine y-Achse (senkrecht ↓).

Beispiel: Wie hat sich der Umsatz in den letzten Monaten entwickelt?

■ **Balkendiagramm**
In einem Balkendiagramm lassen sich einzelne Werte schnell miteinander vergleichen.
Auch beim Balkendiagramm gibt es eine x-Achse (waagrecht →) und eine y-Achse (senkrecht ↓).

Beispiel: Wie unterscheidet sich die Elternzeit für Männer in verschiedenen Ländern?

1 Benennen Sie ...
  a die Partei mit den meisten Sitzen im Bundestag: _____

  b den Monat mit dem geringsten Umsatz: _____

  c das Land mit der kürzesten Elternzeit für Männer: _____

Diagramme erstellen

2 Erstellen Sie ein Kreisdiagramm mit folgenden Angaben:

- Es gibt insgesamt 8 Personen.
- 4 von ihnen tragen rote T-Shirts.
- 2 von ihnen tragen blaue T-Shirts.
- 2 von ihnen tragen grüne T-Shirts.

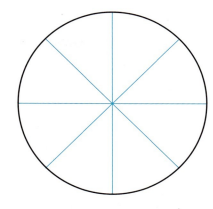

3 Erstellen Sie ein Säulendiagramm mit folgenden Angaben:

- Im Januar regnet es 18 Tage in Kiel.
- Im April regnet es 14 Tage in Kiel.
- Im Juli regnet es 15 Tage in Kiel
- Im Oktober regnet es 17 Tage in Kiel.

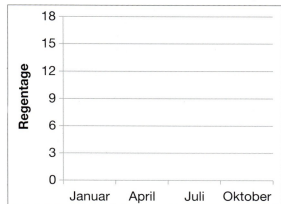

4 Erstellen Sie ein Balkendiagramm mit folgenden Angaben.

- Menü 1 wurde 12-mal ausgewählt.
- Menü 2 wurde 16-mal ausgewählt.
- Menü 3 wurde 8-mal ausgewählt.

5 Nennen Sie Titel für Ihre erstellten Diagramme.

Kreisdiagramm: _____

Säulendiagramm: _____

Balkendiagramm: _____

Diagramme und Tabellen erklären

1 Lesen Sie die Erklärungen und ergänzen Sie die Wörter aus dem Kasten.

Aspekte ■ immer ■ Maßeinheiten ■ Anschließend

Um zu erklären, was ein Diagramm oder eine Tabelle darstellt, beschreibt man das mit Hilfe von Worten oder Text. Diese Reihenfolge ist hilfreich:

1. Man beginnt _____ mit dem **Titel** oder **Thema**.

Beispiele zur Beschreibung des Titels oder Themas:
- Das Thema des Kreisdiagramms ist …
- Der Titel der Tabelle ist …
- In dem Balkendiagramm geht es um …

2. _____ beschreibt man die **Gliederung** der Tabelle oder des Diagramms.

Beispiele zur Beschreibung der Gliederung:
- Die Tabelle ist in zwei Spalten und drei Zeilen gegliedert.
- Das Kreisdiagramm zeigt drei Anteile.
- Im Säulendiagramm sind insgesamt vier Säulen.
- Im Balkendiagramm sind insgesamt fünf Balken.

3. Dann wird der **Aufbau** der Tabelle oder des Diagramms genauer erklärt. Hierbei sind auch _____ wichtig, wenn sie angegeben werden: zum Beispiel mm, cm, €, kg.

Beispiele zur Beschreibung des Aufbaus:
- In der Zeile steht die Fußballmannschaft. In der Spalte steht die Jahreszahl, in der die Fußballmannschaft gewonnen hat.
- Der schwarze Anteil des Kreisdiagramms zeigt die Anzahl der schwarzhaarigen Kinder, der gelbe Anteil die Anzahl der blonden Kinder und der rote Anteil die Anzahl der rothaarigen Kinder.
- Auf der x-Achse des Säulendiagramms steht der Monat und auf der y-Achse steht die Regenmenge in mm.
- Auf der x-Achse des Säulendiagramms steht das Menü und auf der y-Achse steht die Anzahl der gewählten Essen.

4. Zum Schluss folgt die **Interpretation** der Tabelle oder des Diagramms. Bei Tabellen oder Diagrammen mit vielen Daten nennt man nur wichtige oder besondere _____ .

Beispiele zur Interpretation:
- Der größte Wert in der Tabelle ist für das Jahr 2021 genannt.
- Der kleinste Anteil des Kreisdiagramms fällt auf die „sonstigen Religionen".
- Der höchste Umsatz wurde im Juni gemacht.
- Im Juni sind die wenigsten Regentage.

1 Beschreiben Sie das folgende Diagramm. Nutzen Sie dafür auch die Redemittel auf der vorangegangenen Seite.

Flyer

Flyer sind Blätter mit zusammengefassten Informationen. Sie sind übersichtlich gestaltet und werden oft für Werbung genutzt.

 1 Tauschen Sie sich mit Ihrem Sitznachbarn oder Ihrer Sitznachbarin aus, zu welchen Themen Sie schon mal Flyer gesehen haben.

_____

_____

_____

_____

_____

_____

Auf Flyern lässt sich Wichtiges kurz und knapp darstellen. Sie haben meist nicht viel Text, sodass man sie schnell lesen kann. Farbige Bilder machen die Flyer noch ansprechender. Die wichtigsten Informationen werden auffällig hervorgehoben, zum Beispiel groß und farbig.

Die wichtigsten Informationen beantworten die W-Fragen.
- Was für eine Aktion findet statt?
- Wann findet die Aktion statt?
- Wo findet die Aktion statt?
- Wie viel kostet die Aktion? Wie viel spare ich durch die Aktion?

Flyer verstehen

 2 Schauen Sie sich die Abbildung an. Beantworten Sie dazu die W-Fragen.

1. Was für eine Aktion findet statt?

_____

2. Wann findet die Aktion statt?

_____

3. Wo findet die Aktion statt?

_____

_____

4. Wie viel spare ich durch die Aktion?

_____

3 Tauschen Sie sich mit einer Partnerin oder einem Partner darüber aus, was Ihnen zuerst aufgefallen ist.

Flyer gestalten

> Es ist nicht schwierig, einen Flyer selbst zu gestalten. Dabei hilft eine gute Planung.

1 Stellen Sie sich vor, Sie wollen einen Flyer selbst gestalten. Arbeiten Sie zu zweit und folgen Sie den einzelnen Arbeitsschritten. Sammeln Sie die Informationen.

1. Schritt: Welches Thema hat der Flyer?
Wählen Sie eines der Themen oder ein eigenes.
- ○ Das Weihnachtsmenü mit Entenbrust und Bratapfeleis
- ○ Die Frühjahresangebote zum Sommerreifenwechsel
- ○ Der Sommerschlussverkauf in einem Modegeschäft

○ _____

2. Schritt: Was ist das Ziel des Flyers?

Das Ziel des Flyers ist es, _____

_____

3. Schritt: Welche Informationen sind wichtig für den Flyer?

Was _____

Wann _____

Wo _____

Wie viel _____

4. Schritt: Welche Bilder passen zu dem Flyer? Beschreiben Sie diese.

_____

_____

> **Tipp:**
> Passende und ansprechende Bilder auszuwählen ist besonders wichtig, weil man diese zuerst sieht.

2 Gestalten Sie nun an einem PC oder Laptop mit den gesammelten Informationen einen Flyer im DIN-A5-Format. Orientieren Sie sich an den Schritten 1–4.

> **Tipp:**
>
> **Hinweise zur Gestaltung mit einem Textverarbeitungsprogramm**
> Je nach Programm können die Menüpunkte etwas unterschiedlich heißen.

■ Sie möchten das Format einstellen?
Layout oder *Seitenlayout* → *Größe*
Unter *Ausrichtung* können Sie Hochformat ☐ oder Querformat ☐ auswählen.

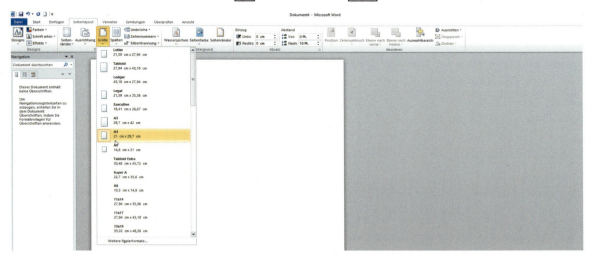

■ Sie möchten die Schrift vor dem Bild haben?
Auf das Bild klicken → *Bildtools* oder rechte Maustaste → *Hinter den Text* oder *Vor den Text*
Unter *Position* wird bestimmt, wo Ihr Bild steht. Oft ist es sinnvoll, das Bild *zuzuschneiden*.

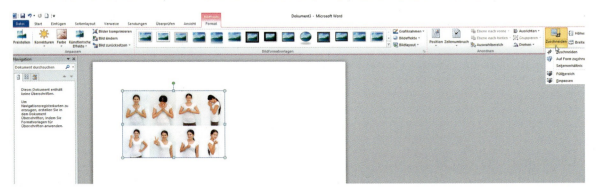

Weitere Tipps:
■ Benutzen Sie eine gut lesbare Schrift.
■ Schreiben Sie nicht zu viel, sondern nur die wichtigsten Informationen.
■ Benutzen Sie deutliche Farben.
■ Benutzen Sie verschiedene Farben.

3 Ergänzen Sie einen weiteren Tipp:

Rückblick: Schlüsselfertigkeiten

Überprüfen Sie Ihr Wissen.

Diese vier Lerntypen gibt es:

_____ Lerntyp   _____ Lerntyp

_____ Lerntyp   _____ Lerntyp

Ein Beispiel für eine W-Frage ist: _____

_____?

Eine Tabelle besteht aus: _____ (horizontal) und _____ (vertikal).

Diese Diagrammarten gibt es: _____

_____

Besonders interessant fand ich diese Themen: _____

_____

_____

7 Meine berufliche Zukunft

Weißt du schon, was du mal werden willst?

Noch nicht so genau.

Hast du schon mal eine Bewerbung geschrieben?

Nee, ich auch nicht.

Worum es in diesem Kapitel geht:

Welcher Beruf passt zu mir?

Was ist ein Berufsprofil?

Wie gestalte ich eine Bewerbung?

Wie schreibe ich ein gutes Anschreiben für meine Bewerbung?

Wie bereite ich mich auf ein Bewerbungsgespräch vor? Was muss ich beachten?

Worauf muss ich bei Stellenanzeigen achten?

Arbeit oder Ausbildung

1 Notieren Sie drei Berufe, für die man keine Ausbildung braucht.

_____

_____

_____

2 Sammeln Sie zu diesen Berufen Informationen in der Klasse. Vielleicht kennen Sie Menschen, die diese Berufe ausüben. Erzählen Sie, was Sie über die tägliche Arbeit wissen.

3 Arbeiten Sie in drei Gruppen. Jede Gruppe liest einen Text und beantwortet dann die Fragen 1–3.

Ich arbeite als Köchin in einem Gasthaus. Das ist meistens anstrengend und oft stressig, aber es macht mir auch Spaß. Ich plane die Menüs, den Einkauf und die Arbeitsabläufe mit den Kollegen. Kochen habe ich erst in der Ausbildung gelernt. Ich mag es.
Nach der Schule hätte ich auch direkt als Küchenhilfe bei einem Bekannten arbeiten können. Aber ich habe mich für die Ausbildung entschieden. Heute sehe ich, wie oft unsere Küchenhilfen kündigen und neue kommen. Ihre Bedingungen sind wirklich nicht gut: Viele haben gar keine richtigen Arbeitsverträge. Wenn viel los ist, kriegen sie Stunden zusammen. Wenn nicht, dann nicht. Und auch die, die Vollzeit bei uns arbeiten, bekommen kaum mehr als 1000 oder 1100 Euro netto. Ich glaube, die Arbeit macht nicht so viel Spaß, wenn man nur schneiden und spülen muss und nichts entscheiden darf.

Ich arbeite in der Logistik. Angefangen habe ich in einem großen Lager, direkt nach der Schule. Ich hatte keine Lust auf eine Ausbildung: Drei Jahre alles machen müssen, was der Chef sagt. Und dafür noch nicht mal richtig Geld bekommen.
Bei dem Lager gab es immer mal gute und mal schlechte Zeiten. In den schlechten Zeiten mussten immer wieder Mitarbeiter gehen. Irgendwann hat es dann auch mich erwischt. Da habe ich zu einer Zeitarbeitsfirma gewechselt: Da bin ich finanziell und vertraglich abgesichert, habe ich gedacht. Aber es ist schon ziemlich stressig und anstrengend. Die setzen einen in den verschiedensten Städten ein, und da soll man dann von einem Tag auf den anderen hin. Von 1300 Euro netto ein Auto zu finanzieren, ist nicht einfach. Und machen, was der Chef sagt, muss man auch überall.

Ich bin Security. Damit habe ich schon während der Schulzeit angefangen und nach der Schule habe ich dann nahtlos weitergemacht. Der Beruf gefällt mir: Ich bin viel unterwegs und habe gute Kollegen. Der Verdienst ist auch ok. Wenn man viel arbeitet, kann man sich einen ganz guten Lebensstandard ermöglichen. Aber man muss wirklich sehr flexibel sein: tagsüber, nachts, bis früh morgens, oft auch am Wochenende. Das ist nichts für jemanden, der eine Familie hat. Und man muss körperlich und geistig fit bleiben. Ich bin noch jung, aber manchmal habe ich ein bisschen Angst vor der Zukunft. Wenn ich mal ernsthaft krank bin oder älter werde, kann ich den Job nicht mehr machen. Was dann?

1. Hat die Person eine Ausbildung gemacht?   ○ ja   ○ nein
2. Welche positiven Seiten der Arbeit nennt die Person?

_____

_____

_____

3. Welche negativen Seiten der Arbeit nennt die Person?

_____

_____

_____

4 Erzählen Sie in der Klasse, was die Personen über ihre Arbeit berichten.

5 Notieren Sie Vorteile und Nachteile einer Berufsausbildung. Sammeln Sie dann in der Klasse.

Vorteile	Nachteile

6 Erzählen Sie, ob Sie selbst eine Ausbildung anstreben oder in einem ungelernten Beruf arbeiten möchten. Begründen Sie ihre Antwort schriftlich in Stichworten.

_____

_____

_____

_____

Berufsausbildung in Deutschland

1 Finden Sie zehn Wörter und markieren Sie.

T	R	E	D	B	J	W	G	R	E	D	H
A	B	J	A	A	K	I	T	R	E	F	J
B	E	R	U	F	S	S	C	H	U	L	E
S	T	G	E	Ö	M	S	L	L	N	J	U
C	R	B	R	G	R	E	Ä	L	T	O	M
H	I	B	F	R	E	N	L	K	E	G	D
L	E	M	N	B	C	F	Z	J	R	Z	T
U	B	N	G	R	D	G	J	K	R	Z	T
S	L	G	J	P	R	A	K	T	I	K	A
S	I	S	C	H	U	L	I	S	C	H	E
Ö	C	L	J	H	M	L	I	Z	H	G	N
L	H	Z	F	G	E	H	A	L	T	O	J
M	E	B	T	R	E	W	J	G	D	S	V

2 Lesen Sie und ergänzen Sie die Wörter aus Aufgabe 1.

Die _____ Ausbildung

Die Ausbildung findet im Betrieb und in der _____ statt. So wird theoretisches und praktisches

_____ vermittelt. Welchen Schulabschluss man braucht, um die Ausbildung zu machen,

ist für jeden Beruf unterschiedlich. Es gibt auch Ausbildungen, die man ohne Schulabschluss machen kann,

wenn der Betrieb einverstanden ist.

Die _____ der Ausbildung beträgt 2 bis 3,5 Jahre. In dieser Zeit bekommt die Auszubildende

oder der Auszubildende ein _____. Es ist je nach Art der Ausbildung unterschiedlich hoch.

Am Ende macht man einen _____. Der ist staatlich anerkannt.

Die _____ Ausbildung

Diese Ausbildung macht man nicht im Betrieb, sondern zum Beispiel an einer Berufsfachschule oder einem Berufskolleg. Je nach Bundesland gibt es unterschiedliche Schulformen mit unterschiedlichen Voraussetzungen. Oft sind es soziale oder pflegerische Berufe.

Theoretisches Wissen lernt man im _____. Um auch praktisch etwas zu lernen, muss man _____ machen. An staatlichen Schulen ist die Ausbildung kostenlos. Für die Kosten des täglichen Lebens (Wohnen, Essen, Kleidung) kann man _____ beantragen. Die Ausbildung dauert 1 bis 3,5 Jahre. Am Ende gibt es Prüfungen und einen Abschluss.

Beruflicher Lehrgang

> Es gibt Berufe, die man nicht durch eine staatlich anerkannte Ausbildung lernt. Das heißt, man macht keine betriebliche oder schulische Ausbildung, sondern Lehrgänge. Hier gibt es sehr viele verschiedene Möglichkeiten. Diese Lehrgänge dauern oft nicht lang. Man muss aber oft mehrere machen, um in dem Beruf gut zu werden. Und die Lehrgänge kosten meistens Geld.

3 Kreuzen Sie an, welcher beruflichen Lehrgang Sie interessieren würden. Begründen Sie Ihre Wahl.
- ◯ Aerobictrainer/in
- ◯ Bergführer/in
- ◯ Clown/in
- ◯ Detektiv/in
- ◯ Flugbegleiter/in
- ◯ Fußballtrainer/in
- ◯ Pyrotechniker/in
- ◯ Surflehrer/in

_____
_____
_____
_____

Welcher Beruf passt zu mir?

1 a Kreuzen Sie an, was zu Ihnen passt.

b Lesen Sie dann die Auflösung. Können Sie sich vorstellen, in diesen Bereichen zu arbeiten? Machen Sie sich Notizen und sprechen Sie in der Klasse.

Dieser Test verrät Ihnen nicht Ihren Traumberuf. Aber er hilft Ihnen, darüber nachzudenken, was Sie mögen und gut können.

1. Ich arbeite gern mit den Händen.
2. Ich arbeite gern allein oder mit wenigen, bekannten Menschen zusammen.
3. Ich mag es, jeden Tag neue Leute zu treffen und mit ihnen zu reden.
4. Mir macht es nichts aus, wenn ich bei der Arbeit schmutzig werde.
5. Mir macht es nichts aus, auch bei Regen, Kälte oder Hitze draußen zu arbeiten.
6. Ich kann gut mit Menschen mit Behinderung umgehen.
7. Ich bin sehr ordentlich und gut organisiert.
8. Ich habe viel Geduld, wenn ich mich um kleine Kinder oder alte Menschen kümmere.
9. Ich mag bei der Arbeit gern richtig anpacken. Dann habe ich das Gefühl, etwas zu schaffen.
10. Ich mag Style und Mode. Ich könnte ewig über Frisuren und Makeup reden.
11. Es macht mir nichts aus, wenn ich strenge Hygieneregeln einhalten muss.

1. Holzgewerbe, Elektro und Metall, Logistik, Bau
2. Elektro und Metall, Logistik, Bau
3. Gastronomie, Kosmetik, Verkauf
4. Bau, Holzgewerbe
5. Bau
6. Pflege
7. Logistik, Elektro und Metall
8. Pflege
9. Elektro und Metall, Bau, Gastronomie
10. Kosmetik
11. Gastronomie, Lebensmittelhandwerk, Pflege

Notizen:

_____

_____

_____

2 Lesen Sie die Texte zu den Berufsfeldern, die der Test für Sie ergeben hat.

-  Im **Holzgewerbe** arbeiten Sie häufig im handwerklichen Bereich mit dem Werkstoff Holz. In einigen Berufen haben Sie Kundenkontakt, in anderen arbeiten Sie in kleinen Teams in der Werkstatt oder auch in einer Produktionshalle. Sie müssen sich gut konzentrieren können, wenn Sie mit gefährlichen Arbeitsgeräten zu tun haben.

-  Im **Metallgewerbe** stellen Sie Objekte aus Metall her. Sie brauchen handwerkliches Geschick und müssen sehr genau arbeiten. In manchen Berufen kann es laut werden.

-  **Elektroberufe** sind anspruchsvoll. Es gibt viel zu lernen und man muss sich gut konzentrieren können. In einigen Berufen hat man Kundenkontakt, in anderen arbeitet man in der Werkstatt oder Produktionshalle.

-  In der **Logistik** lagern und ordnen Sie Ware. Sie arbeiten zum Beispiel am Computer oder im Lager. Man erledigt die Aufgaben der Reihe nach zuverlässig und ordentlich. Kontakt hat man vor allem zu den Kollegen, nicht zu Kunden.

-  Auf dem **Bau** ist die Arbeit körperlich anstrengend. Man arbeitet meistens draußen, auch bei schlechtem Wetter. Dafür ist es vielleicht weniger stressig als in anderen Berufen.

-  In der **Gastronomie** und im Lebensmittelhandwerk hat man mit Nahrungsmitteln zu tun. Deshalb lernt man sehr strenge Hygieneregeln und befolgt sie. In einigen Berufen kann es stressig werden.

-  In **kosmetischen Berufen** haben Sie jeden Tag mit neuen Menschen zu tun. Man beschäftigt sich mit Chemie und Gesundheit und sollte mit den Händen geschickt sein.

-  In der **Pflege** kümmert man sich um Menschen, die die Hilfe brauchen. Man geht gerne mit Menschen um, ist geduldig und tolerant. In vielen Berufen muss man Schichtarbeit machen.

-  Im **Verkauf** ist man mit Waren und Kunden im Kontakt. Man arbeitet ordentlich und spricht gerne mit anderen Menschen. Oft muss man den ganzen Tag stehen oder gehen.

 3 Notieren Sie, welches Berufsfeld Sie am meisten interessiert. Begründen Sie dann Ihre Wahl in der Klasse.

Ein Berufsprofil lesen

Im Internet können Sie sich über Berufe informieren. Sie erfahren zum Beispiel,
- was man in einem bestimmten Beruf genau macht,
- welchen Schulabschluss Sie brauchen,
- welche persönlichen Eigenschaften Sie haben sollten,
- welche weiteren beruflichen Möglichkeiten es gibt.

 1 Lesen Sie die Beschreibungen zum Beruf „Gärtner/in im Garten- und Landschaftsbau". Kreuzen Sie in jedem Absatz die richtige Antwort an.

> **Tipp:**
> Erklären Sie in der Klasse schwierige Begriffe aus dem Text.

Zugangsvoraussetzungen

Rechtlich ist kein bestimmter Schulabschluss vorgeschrieben. Die Unternehmen stellen vor allem Auszubildende mit Hauptschulabschluss oder Mittlerer Reife ein.

Kann ich diese Ausbildung auch ohne Schulabschluss machen?
- ○ Ja, kein Problem
- ○ Nein
- ○ Ja, wenn mich der Betrieb nimmt

Tätigkeitsprofil

Gärtner und Gärtnerinnen im Garten- und Landschaftsbau bepflanzen Gärten und Parkanlagen. Dafür pflanzen sie Rasen, Blumen, Büsche und Bäume fachgerecht an und pflegen sie. Sie gestalten Außenanlagen, pflastern, bauen Treppen, Zäune und Lärmschutzwände. Arbeitsorte sind zum Beispiel private Gärten und Terrassen, öffentliche Parks, Spielplätze und Sportplätze. Auch Grünstreifen, Verkehrsinseln und Fußgängerzonen gehören in ihren Tätigkeitsbereich.

Kümmern sich Gärtnerinnen und Gärtner im Garten- und Landschaftsbau um Büropflanzen von großen Unternehmen?
- ○ Ja
- ○ Nein
- ○ Manchmal

Ausbildung

Gärtner/in im Garten- und Landschaftsbau ist ein anerkannter Ausbildungsberuf in der Landwirtschaft. Die Ausbildung dauert drei Jahre und findet im Betrieb und in der Berufsschule statt.

Man lernt etwas über
- die Zusammensetzung von Erden und Substraten,
- die Verwendung und Wartung von Maschinen und Werkzeugen,
- Pflanzenbestimmung und Fachwissen zur Ernte,
- den Umgang mit Pflanzenschutzmitteln,
- das Anlegen von Entwässerungsstrukturen und Schutzschichten an Außenanlagen,
- das Anlegen von Teichen und Wasserläufen,
- die Planung von Pflanzungen.

Worum geht es in der Ausbildung?
- ○ Pflanzen   ○ Maschinen
- ○ Wasser   ○ Erde

Verdienst

2 Arbeiten Sie zu zweit. *Recherchieren* Sie im Internet, wie hoch der Verdienst in einer Ausbildung und danach im Garten- und Landschaftsbau ist. Notieren Sie.

Ausbildungsvergütung im Garten- und Landschaftsbau (brutto pro Monat):

1. Ausbildungsjahr _____

2. Ausbildungsjahr _____

3. Ausbildungsjahr _____

Nach der Ausbildung (durchschnittlich brutto pro Monat): _____

3 Recherchieren Sie. Erklären Sie dann den Unterschied zwischen Netto-Verdienst und Brutto-Verdienst.

Berufe vorstellen

 1 Notieren Sie einen Beruf, der Sie besonders interessiert.

_____

 2 Suchen Sie zu diesem Beruf Informationen im Internet und beantworten Sie die Fragen.

1. Welchen Schulabschluss braucht man für die Ausbildung?

_____

2. Wie lange dauert die Ausbildung?

_____

3. Was macht man in dem Beruf? Welche Fähigkeiten sollte man dafür mitbringen?

_____

_____

_____

4. Was kann schwierig oder anstrengend sein?

_____

_____

_____

5. Was lernt man während der Ausbildung?

_____

_____

_____

6. Ist der Abschluss staatlich anerkannt?

_____

7. Wo kann man arbeiten, wenn man die Ausbildung abgeschlossen hat?

_____

_____

8. Was verdient man während der Ausbildung?

_____

_____

9. Was kann man verdienen, wenn man ausgelernt hat?

_____

_____

10. Welche Möglichkeiten hat man, sich später fortzubilden?

_____

_____

11. Warum interessieren Sie sich für diesen Beruf?

_____

_____

_____

3 Präsentieren Sie Ihren Beruf in der Klasse.
Lesen Sie dafür nicht alle Fragen und Antworten vor, sondern formulieren Sie eigene Sätze.

Stellenanzeigen lesen: Übersicht

1 Erzählen Sie, wie Sie nach einer Arbeit oder einem Ausbildungsplatz suchen.

2 Notieren Sie drei Stellenbörsen im Internet. Sammeln Sie dann in der Klasse Ihre Ergebnisse.

_____

_____

_____

3 Lesen Sie die Stellenanzeigen.

1.

Ausbildung in der Gesundheits- und Pflegeassistenz

Als ambulanter Pflegedienst kümmern wir uns im häuslichen Umfeld um kranke, operierte, behinderte und alte Menschen.

Zum 01.02.2022 suchen wir eine/n Auszubildende/n zum/zur Gesundheits- und Pflegeassistenten/in.

Gesundheits- und Pflegeassistenten und -assistentinnen unterstützen examinierte Pflegefachkräfte bei der Versorgung und Pflege von Patienten.

Als Voraussetzung bringen Sie mindestens einen ersten allgemeinbildenden Schulabschluss (ESA) mit. Wünschenswert wären weiterhin grundlegende PC-Kenntnisse sowie ein Führerschein Klasse B. Bei Interesse bewerben Sie sich mit Ihren vollständigen Bewerbungsunterlagen unter der genannten Adresse. Ambulante Dienste Magdeburg, Rostocker Straße 3, 39104 Magdeburg

2.

Verkaufskraft (m/w/d)

Arbeitsplatz (sozialversicherungspflichtig)

Branche: Befristete Überlassung von Arbeitskräften

EXPLOIT Personal ist ein innovatives Unternehmen im Bereich Personalmanagement.

Ihre Aufgaben: Kundenservice, Kassieren

Ihr Profil: abgeschlossene Ausbildung im Einzelhandel, Zuverlässigkeit

Wir freuen uns auf Ihre Bewerbungsunterlagen z. Hd. Frau Insa Möller, kontakt@exploit.de.

3.

Ausbildung Thai-Massage, kostenloser Lehrgang und Übernahme bei Eignung garantiert! Bewerbungen an: thai-massage@web.de

4.

Auszubildende/r (m/w/d) zum Koch/zur Köchin

Unser Restaurant bietet moderne, seniorengerechte Gerichte mit Abwechslung und Pfiff. Ausbildungsbeginn ist der 1. September.

Sie lernen:
- Theorie und Praxis des Kochhandwerks
- Hygienemaßnahmen und -vorschriften, Warenkunde und Lagerhaltung

Sie bringen mit:
- einen Hauptschulabschluss (erforderlich)
- Eigenverantwortung und Selbstständigkeit
- gute Umgangsformen und ein gepflegtes Äußeres

Wir bieten:
- eine interessante Tätigkeit in einem jungen Team
- Entlohnung nach Tarif

Kontakt: Senioren-Residenz Dortmund, Frau Simone Domanski, Elchstraße 5, 44135 Dortmund

5.

Spitzenverdienst bei freier Zeiteinteilung!

Mit unserem neuen Geschäftsmodell richtig gut verdienen – keine Vorkenntnisse nötig. Einfach mal anrufen: 0900-831850.

4 Beantworten Sie die Fragen und begründen Sie Ihre Antworten.

1. Welche Stellenanzeigen sind für eine staatlich anerkannte Ausbildung?

2. Welche Stellenanzeige ist von einer Zeitarbeitsfirma?

3. Welche Stellenangebote sind unseriös, das heißt, jemand versucht zu betrügen?

4. Bei welcher der Telefonnummern kann ein Anruf sehr teuer werden?

5 Erläutern Sie, welche Stellenanzeige für Sie interessant wäre. Begründen Sie Ihre Antwort.

Stellenanzeigen: Details

1 Ordnen Sie zu.

1. ein gepflegtes
2. körperliche
3. erster allgemeinbildender
4. organisatorisches
5. gute

a) Schulabschluss
b) Äußeres
c) Belastbarkeit
d) Umgangsformen
e) Geschick

_____

_____

2 Finden Sie sieben Wörter. Markieren Sie diese.

E	I	G	E	N	V	E	R	A	N	T	W	O	R	T	U	N	G	G
S	E	L	B	S	T	S	T	Ä	N	D	I	G	K	E	I	T	S	D
G	W	E	R	T	Z	U	E	R	F	O	R	D	E	R	L	I	C	H
T	E	A	M	F	Ä	H	I	G	K	E	I	T	Z	T	R	E	E	D
T	A	D	G	F	L	E	X	I	B	I	L	I	T	Ä	T	D	X	H
W	Ü	N	S	C	H	E	N	S	W	E	R	T	R	H	J	U	K	L
A	S	D	Z	U	V	E	R	L	Ä	S	S	I	G	K	E	I	T	Z

3 Ordnen Sie den Beschreibungen passende Wörter aus Aufgabe 1 oder 2 zu und notieren Sie diese.

1. Saubere, ordentliche Kleidung; saubere, geschnittene Haare und Fingernägel, kein Körpergeruch:

   _____ .

2. Diese Voraussetzung muss unbedingt erfüllt sein. Sie ist _____ .

3. Man kann die Ausbildung auch ohne diese Voraussetzung machen, aber sie wäre

   _____ .

4. Ein anderes Wort für Hauptschulabschluss: _____ .

5. Eigenverantwortung bedeutet dasselbe wie _____ .

4 Lesen Sie die folgenden Sätze aus Stellenanzeigen und ergänzen Sie Wörter aus Aufgabe 1 und 2.

Als Auszubildende/r zum/zur Asphaltbauer/in musst du über eine gute körperliche _____ verfügen, denn die Arbeit kann anstrengend sein.

Im Umgang mit Kunden sind gute _____ sehr wichtig. Der Kunde ist König.

Anforderungen an den Bewerber: guter Hauptschulabschluss _____, PC-Kenntnisse wünschenswert

Da wir auch größere gastronomische Events veranstalten, ist es wichtig, dass Sie ein gutes organisatorisches _____ mitbringen.

Wir arbeiten im Wechsel in Früh-, Spät- und Nachtschichten. Außerdem findet die Ausbildung auf unterschiedlichen Stationen statt. Ein hohes Maß an _____ ist daher sehr wichtig.

Bei uns arbeitet niemand alleine vor sich hin. Die *Kommunikation* mit den Kollegen ist sehr wichtig. Daher sollten Sie _____ und Aufgeschlossenheit mitbringen.

 5 Schreiben Sie selbst eine Stellenanzeige auf ein Extrapapier.
Die Anzeige kann seriös oder unseriös sein: für eine Festanstellung, eine Zeitarbeit oder eine Ausbildung. Wenn Sie Ideen brauchen, können Sie im Internet nach Informationen suchen. Schreiben Sie zu folgenden Punkten etwas:
- Beruf,
- Arbeitsplatz, Selbstständigkeit oder Ausbildungsplatz,
- Tätigkeitsbeschreibung: 2–3 Sätze,
- Anforderungen an den Bewerber: 3 Punkte.

 6 Sammeln Sie die Anzeigen in der Klasse. Legen Sie sie auf einem Tisch aus oder hängen Sie sie im Klassenraum auf. Ihre Mitschülerinnen und Mitschüler lesen die Anzeigen und erzählen, auf welche Stelle sie sich bewerben würden.

Die Bewerbung

Eine Bewerbung kann per E-Mail oder in Papierform verschickt werden. Im Anzeigentext können Sie sehen, welche Form dem Arbeitgeber lieber ist. Wenn eine E-Mail-Adresse angegeben ist, schicken Sie eine E-Mail. Wenn eine Postadresse angegeben ist, schicken Sie Ihre Bewerbung in Papierform.

Die Bewerbungsunterlagen

1 Ordnen Sie die Wörter und notieren Sie sie mit dem passenden Artikel (der/die/das).

1. [blattDeck]	
2. [schreiAnben]	
3. [bensLelauf]	
4. [nisZeug]	
5. [scheigunniBegen]	

2 Arbeiten Sie zu zweit. Beantworten Sie die folgenden Fragen zur Bewerbung.

1. Worauf muss man beim Bewerbungsfoto achten?

_____

_____

2. Wo gehört das Bewerbungsfoto hin?

_____

3. Brauchen Sie auch bei einer Bewerbung per E-Mail ein Deckblatt?   ○ ja   ○ nein

4. Welches Dokument schreibt man als Text in die E-Mail?

_____

5. Welche Dokumente kommen in den Anhang?

_____

6. Wie viele Zeugnisse sollte man schicken?   ○ alle   ○ das letzte Zeugnis

7. Welche Bescheinigungen können für Arbeitgeber interessant sein?
   ○ Praktika   ○ Ehrenamt   ○ Führerschein   ○ sportliche Urkunden

3 Lesen Sie die folgenden Aussagen über Bewerbungsfotos. Kreuzen Sie die Aussagen an, denen Sie zustimmen.

A „Ich schicke nie ein Bewerbungsfoto. Ich will nicht, dass mich jemand wegen meines Aussehens aussucht."

C „Mein Abschluss ist nicht so gut. Aber wenn ich auf dem Bild freundlich und seriös wirke, kann ich meine Noten vielleicht ausgleichen. Deshalb schicke ich ein Bild mit."

B „Ein Foto macht die Bewerbung persönlicher. Ich schicke immer ein Foto mit."

D „Ich habe einen guten Schulabschluss. In dem Beruf, in dem ich arbeiten möchte, werden dringend Leute gesucht. Ich glaube, meine Bewerbung hat auch ohne Foto gute Chancen."

4 Vergleichen Sie Ihre Aussagen in der Klasse und diskutieren Sie.

 5 Lesen Sie den Erfahrungsbericht. Erzählen Sie, welche Probleme Lars hat.

„Ich habe im letzten Jahr 52 Bewerbungen geschrieben. Antworten habe ich nur 4 bekommen, und das waren Absagen. Ich habe meine Unterlagen an alle möglichen Unternehmen geschickt: ein Elektromarkt, zwei Krankenhäuser, fünf Supermärkte und viele andere. Die Unternehmen habe ich danach ausgesucht, was möglichst nah bei mir zu Hause ist.

Anschreiben und Lebenslauf mache ich immer gleich. Die hat nämlich ein Freund von mir korrigiert. Da weiß ich, dass alles richtig geschrieben ist. Vielleicht liegt es an meinem Schulabschluss. Ich schreibe immer, dass ich weiß, dass meine Noten echt grottig sind, aber dass ich eigentlich ein total netter Typ bin, der auch anpacken kann. Und dass sie mir endlich eine Chance geben sollen."

6 Sammeln Sie Ideen, was Lars besser machen könnte. Notieren Sie die Ideen.

_____

_____

_____

_____

Das Anschreiben

 1 Lesen Sie die Stellenanzeige. Ergänzen Sie dann das Anschreiben per E-Mail.

Die Firma Bike-O in Leipzig-Lindenau sucht zum

1. September eine/n Auszubildende/n im Bereich Zweiradmechatronik.

Zweiradmechatroniker/innen montieren Bauteile, passen Fahrzeuge an Kundenwünsche an und beraten Kunden.

Voraussetzung: handwerkliches Geschick, Teamfähigkeit, erster allgemeinbildender Schulabschluss

Kontakt: Carola Schnack, schnack@bike-o.de

An: _____
Betreff: Bewerbung um einen Ausbildungsplatz als Zweiradmechatronikerin

Anhänge: _____, Zeugnis 8. Schuljahr

Sehr geehrte _____,

in der Jobbörse der Arbeitsagentur habe ich gelesen, dass Sie eine Auszubildende suchen. Ich bin handwerklich geschickt und arbeite gern im Team. Daher bewerbe ich mich auf Ihren Ausbildungsplatz

als _____.

Der Beruf der Zweiradmechatronikerin ist für mich sehr interessant, weil ich gerne bastle und Sachen repariere. Außerdem fahre ich privat gerne Fahrrad. Reifen wechseln, Gänge einstellen und Kette wechseln kann ich bereits.

Im Moment besuche ich das Berufsvorbereitungsjahr am Berufsbildungszentrum in Dessau. Im Juli werde ich diese Ausbildung abschließen. Ich würde mich freuen, wenn ich im Anschluss ein Praktikum in Ihrem Betrieb absolvieren könnte.

Über eine Einladung zu einem Vorstellungsgespräch würde ich mich ebenfalls freuen.

_____

Sara Marx

2 Suchen Sie eine Stellenanzeige für einen Ausbildungsplatz, der Sie interessiert. Schreiben Sie ein Anschreiben. Das Beispiel in Aufgabe 1 kann Ihnen helfen. Beantworten Sie dabei folgende Fragen:
- Wo haben Sie von der Ausbildung erfahren?
- Warum sind Sie für die Ausbildung geeignet?
- Warum interessieren Sie sich für den Beruf?
- Was machen Sie zurzeit?

An:
Betreff:
Anhänge:

Der Lebenslauf

Lebenslauf

Persönliche Angaben

Name	Mohsen Hosseini
Geburtsdatum	01.06.2004
Geburtsort	Bamiyan, Afghanistan
Anschrift	Storchenweg 6
	91166 Georgensgmünd
Telefon	0160-654123
E-Mail	mohsen13@mail.de
Staatsangehörigkeit	afghanisch

Schulbildung

2010–2014	Grundschule in Teheran, Iran
2016–2017	Übergangsklasse der Geschwister-Scholl-Hauptschule, Schwabach
2017–2019	Berufsschule 5, Nürnberg
2018	theoriereduzierter Hauptschulabschluss, Note 1,7
2019	Qualifizierender Hauptschulabschluss, Note 2,1

Praktika

März 2018	7-tägiges Praktikum im Krankenhaus Roth
Oktober 2018	3-wöchiges Praktikum Drogerie Schmidt

Besondere Kenntnisse

Persisch – Muttersprache
Englisch – Grundkenntnisse
Deutsch – B2

Hobby

Gitarre spielen, tanzen, wandern

02.05.2021

Mohsen Hosseini

1 Lesen Sie den Lebenslauf von Mohsen. Erzählen Sie in der Klasse, was Sie über seinen Werdegang wissen.

 2 Schreiben Sie Ihren eigenen Lebenslauf. Sie können dabei Ideen aus Mohsens Beispiel übernehmen. Denken Sie am Ende an Datum und Unterschrift.

Lebenslauf

Persönliche Angaben	
Name	
Geburtsort und -datum	
Anschrift	
Telefon	
E-Mail	
Staatsangehörigkeit	
Schulbildung	
Praktika	
Besondere Kenntnisse	
Hobbys	

Tipp:
Besondere Kenntnisse können zum Beispiel ein Führerschein, Sprachkenntnisse oder PC-Kenntnisse sein.

Das Bewerbungsgespräch: Vorbereitung

Im Bewerbungsgespräch wollen der Arbeitgeber und Sie sich kennenlernen und herausfinden, ob Sie zu dem Ausbildungsplatz passen. Sie wollen einen guten Eindruck machen, ohne sich zu verstellen oder zu lügen. Dafür können Sie sich vorbereiten und wichtige Verhaltensregeln beachten.

1 Finden Sie fünf Wörter im Suchgitter.

K	O	R	D	N	U	N	G	K	U	T	H	K	L	U
F	R	E	U	N	D	L	I	C	H	K	E	I	T	G
P	O	S	O	H	G	M	L	Ö	N	G	F	V	B	M
L	U	P	Ü	N	K	T	L	I	C	H	K	E	I	T
P	K	E	B	F	E	O	L	U	H	T	F	H	J	K
L	H	K	L	A	R	H	E	I	T	H	J	G	K	J
P	O	T	U	G	R	G	J	K	L	U	B	M	H	I
W	I	E	B	O	B	E	R	U	F	E	D	S	E	L

2 Lesen Sie die Tipps und ordnen Sie die Wörter aus dem Suchgitter zu.

1. _____

Kommen Sie auf keinen Fall zu spät. Der Arbeitgeber testet im Bewerbungsgespräch, ob Sie pünktlich und zuverlässig sind. Planen Sie den Weg oder die Busverbindung schon einen Tag vorher. Nehmen Sie lieber einen Bus früher als nötig.

2. _____

Achten Sie darauf, dass Ihre Kleidung und Ihre Tasche sauber und ordentlich sind. Auch Ihre Haare und Fingernägel sollten gepflegt aussehen. Unterlagen, die Sie mitbringen, sind glatt und ohne Flecken. Schauen Sie zu Hause noch einmal alles an, bevor Sie losgehen.

3. _____

Sehen Sie Ihre Gesprächspartner an und lächeln Sie freundlich. Begrüßen Sie Personen, denen Sie im Gebäude begegnen.

4. _____

Antworten Sie möglichst genau auf alle Fragen. Ihre Antworten sind klar und nicht zu lang. Nehmen Sie beim Sprechen nicht die Hand vor den Mund.

5. _____

Behandeln Sie die Personen, denen Sie begegnen, respektvoll. Siezen Sie Ihre Gesprächspartner. Lassen Sie den Arbeitgeber das Gespräch führen. Am Ende haben Sie normalerweise die Möglichkeit, eigene Fragen zu stellen.

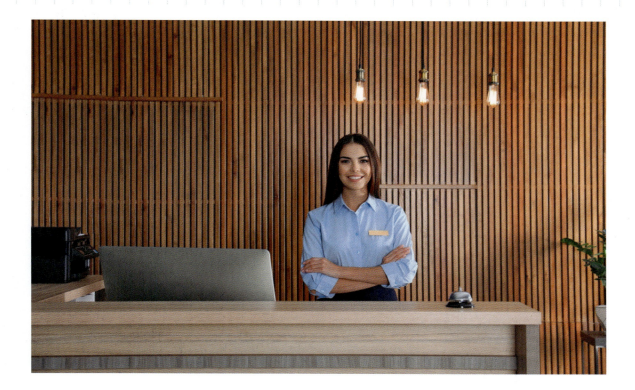

In großen Unternehmen weiß man häufig nicht, wo man hingehen muss.

Wenn es in der Firma einen Empfang gibt, gehen Sie dorthin. Sagen Sie
- Ihren Namen,
- dass Sie zu einem Vorstellungsgespräch kommen,
- mit welcher Person Sie verabredet sind.

Tipp:
Merken Sie sich den Namen Ihres Ansprechpartners genau.

Dann holt die Person am Empfang den zuständigen Mitarbeiter. Oder sie sagt Ihnen, wo Sie warten können.

Das Bewerbungsgespräch: Inhalt und Form

In vielen Bewerbungsgesprächen werden ähnliche Fragen gestellt. Man kann sich gut darauf vorbereiten, wenn man sich vorher Antworten überlegt.

1 Lesen Sie die folgenden Fragen. Überlegen Sie sich in Partnerarbeit, was Sie antworten können. Am besten bilden Mitschülerinnen und Mitschüler Paare, die eine Ausbildung in einem ähnlichen Bereich machen wollen.

1. „Haben Sie gut hergefunden?"

2. „Wie haben Sie von unserem Unternehmen erfahren?"

3. „Was wissen Sie über den Beruf?"

4. „Warum interessieren Sie sich für den Beruf?"

5. „Warum sind Sie für den Beruf gut geeignet? Was sind Ihre Stärken?"

6. „Wo sehen Sie mögliche Schwierigkeiten? Wo liegen Ihre Schwächen?"

7. „Haben Sie noch Fragen an uns?"

2 Kreuzen Sie an, welche Kleidung für ein Vorstellungsgespräch angemessen ist.

3 Kreuzen Sie an, welche Körpersprache bei der Begrüßung am besten ist.

4 Kreuzen Sie an, wie man bei einem Vorstellungsgespräch sitzen sollte.

5 Vergleichen Sie Ihre Lösungen in der Klasse. Begründen Sie Ihre Wahl und diskutieren Sie.

Das Bewerbungsgespräch: Rollenspiel

> Bewerbungsgespräche sind anstrengend. Oft ist man davor aufgeregt. Es hilft sehr, die Situation vorher ein paarmal zu üben. Die Fragen und Verhaltensweisen sind oft ähnlich. Mit Rollenspielen kann man ein Bewerbungsgespräch gut vorbereiten. Das spart Stress.

1 Arbeiten Sie zu zweit. Bereiten Sie ein Bewerbungsgespräch vor.
- Person A spielt den/die Arbeitgeber/-in und liest Information A.
- Person B bewirbt sich um eine Ausbildung und liest Information B.

Information für Person A:
Sie haben einen Friseursalon und suchen eine Auszubildende oder einen Auszubildenden. Die Person sollte einen Hauptschulabschluss haben. Aber wenn sie sehr überzeugend ist, geht es auch ohne Abschluss. Sie brauchen jemanden, der gut im Team arbeitet und selbstständig seine Aufgaben erledigt.

Information für Person B:
Ihr Traumberuf ist Friseur/-in. Sie färben sich selbst häufig die Haare. Sie haben Freunden schon die Haare geschnitten und gefärbt. Leider haben sie keinen Schulabschluss. Aber Sie könnten ein Praktikum machen. So könnten Sie zeigen, dass Sie fleißig und lernbereit sind.

Tipp:
Sie können auch einen anderen Beruf wählen.

2 Schreiben Sie ein Bewerbungsgespräch zwischen Person A und Person B mit diesem Ablauf:
- Die beiden Personen begrüßen sich.
- Person A stellt Fragen. Person B antwortet. Sie können auch Fragen von Seite 190 verwenden.
- Am Ende fragt Person A, ob Person B noch Fragen hat.
- Die beiden Personen verabschieden sich.

Begrüßung

A: _____

B: _____

Gespräch

A: _____

_____

B: _____

_____

A: _____

_____

B: _____

_____

A: _____

_____

B: _____

_____

A: _____

_____

B: _____

_____

Eine Frage am Ende

A: _____

B: _____

Verabschiedung

A: _____

B: _____

3 Spielen Sie das Gespräch in der Klasse vor. Sie können Ihren Text ablesen oder frei sprechen. Achten Sie auf Ihre Körpersprache. Sprechen Sie laut und deutlich.

Rückblick: Meine berufliche Zukunft

Beantworten Sie die Fragen. Tauschen Sie sich dann in der Klasse aus.

Wie stellen Sie sich Ihre berufliche Zukunft vor?
◯ Arbeit   ◯ Ausbildung

Welche Berufe sind für Sie interessant? Schreiben Sie sie auf.

_____

_____

Wo finden Sie Stellenangebote? Notieren Sie.

_____

_____

_____

Beschreiben Sie die nächsten Schritte in Ihre berufliche Zukunft.

_____

_____

_____

_____

8 Gedichte und Geschichten

„Wenn ich lese, kann ich alles andere um mich herum vergessen."

Worum es in diesem Kapitel geht:

Was ist ein lyrisches Ich?

Welche Gefühle wecken Gedichte, wie wirken sie?

Was sind eigentlich Märchen?

Welche Texte lese ich am liebsten?

Gedichte I

Bei den weißen Stiefmütterchen

Bei den weißen Stiefmütterchen
Im Park wie ers mir auftrug
Stehe ich unter der Weide
Ungekämmte Alte blattlos
Siehst du sagt sie er kommt nicht

Ach sage ich er hat sich den Fuß gebrochen
Eine Gräte verschluckt, eine Straße
Wurde plötzlich verlegt oder
Er kann seiner Frau nicht entkommen
Viele Dinge hindern uns Menschen

Die Weide wiegt sich und knarrt
Kann auch sein er ist schon tot
Sah blaß aus als er dich untern Mantel küßte
Kann sein Weide kann sein
So wollen wir hoffen er liebt mich nicht mehr

(aus: Sarah Kirsch: Sämtliche Gedichte, München: DVA 2013, Seite 16)

 1 Lesen Sie das Gedicht leise. Beschreiben Sie dann die Situation. Machen Sie dazu Notizen zu folgenden Fragen:

1. Wer spricht in dem Gedicht miteinander?
2. Worüber sprechen sie?
3. Wie ist die Stimmung?

_____

_____

_____

_____

_____

_____

> Das lyrische Ich ist die Person, die das Gedicht erzählt. Das ist nicht die Autorin. Das lyrische Ich ist erfunden (fiktiv). Das heißt, es existiert in der Fantasie.

 2 Markieren Sie im Text die Stellen,

- an denen die Weide spricht,
- an der das lyrische Ich direkt mit der Weide spricht.

3 Lesen Sie das Gedicht nun in Dreiergruppen laut:
- Eine Person liest das lyrische Ich.
- Eine Person liest die Weide.
- Eine Person liest, was das lyrische Ich direkt zu der Weide sagt.

4 Beschreiben Sie den Charakter der Weide. Begründen Sie Ihre Antwort.

_____

_____

weil _____

5 Beschreiben Sie die Gefühle des lyrischen Ichs. Begründen Sie Ihre Antwort.

_____

_____

_____

weil _____

6 Lesen Sie das Gedicht nun noch einmal zu dritt. Beachten Sie dabei den Charakter der Weide und die Stimmung des lyrischen Ichs.

7 Interpretieren Sie die letzte Zeile. Erklären Sie, warum das lyrische Ich hofft, dass der Mann es nicht mehr liebt.

8 Schreiben Sie das Gedicht um. Schreiben Sie aus der Sicht des Mannes. Der Mann ist zu spät gekommen und spricht mit der Weide.

Bei den weißen Stiefmütterchen

Im Park wie _____

Stehe ich unter der Weide _____

_____ sagt sie _____

Ach sage ich _____

_____

_____

Die Weide _____

_____

_____

So wollen wir hoffen _____

Gedichte II

Mein Vater

Er trug immer ein Stück Kohle,
eine Messerklinge und eine Peitsche
mit sich herum, und nachts
hatte er Angst vor seinem eigenen Schädel
und deckte ihn mit Tüchern ab.
Eines Morgens schneite es
in Los Angeles,
und ich sah mir den Schnee an,
und da wusste ich, dass mein Vater über nichts
Gewalt hatte;
und als ich ein bisschen
größer war, riss ich
mit meinem ersten Güterzug
von zuhause aus,
ich saß da auf
den Kalksäcken,
und der Kalk ätzte mir
ins Bewusstsein, dass ich
nichts hatte,
und als es raus
in die Wüste ging,
konnte ich zum ersten Mal
singen.

(aus: Charles Bukowski: Western Avenue. Gedichte 1955–1977. München: dtv 2004, Seite 32)

1 Lesen Sie das Gedicht leise. Beschreiben Sie die Wirkung. Notieren Sie dazu Gefühle und Ideen, die Sie beim Lesen hatten. Vergleichen Sie dann in der Klasse.

_____

_____

_____

2 Lesen Sie das Gedicht noch einmal leise. Beantworten Sie die Fragen. Vergleichen Sie dann in der Klasse und begründen Sie Ihre Antworten.

1. Wer ist „Er" in Zeile 1?

_____

2. Wie ist sein Charakter?

_____

_____

_____

_____

3. Wie ist die Beziehung zwischen dem lyrischen Ich und der Person, die es am Anfang beschreibt?

_____

_____

4. Was verändert sich für das lyrische Ich im Laufe des Gedichts?

_____

_____

3 Interpretieren Sie die letzte Zeile. Begründen Sie, warum das Wort „singen" allein in der Zeile steht.

4 Lesen Sie das Gedicht nun laut. Beachten Sie dabei, was Sie in Aufgabe 1 bis 3 über das Gedicht erarbeitet haben.

5 Schreiben Sie jetzt ein ähnliches Gedicht.

1. Wählen Sie ein Personenpaar oder denken Sie sich selbst eines aus.
   - Kind und Mutter
   - ein Liebespaar
   - zwei Freunde oder Freundinnen
   - Kind und Großmutter oder Großvater

2. Machen Sie sich Notizen zu dem Gedicht. Beachten Sie dabei folgende Schritte:
   1. Das lyrische Ich beschreibt die andere Person.
   2. Das Verhältnis zwischen den beiden Personen verändert sich.
   3. In der letzten Zeile steht ein einzelnes Wort.

_____

_____

_____

_____

_____

_____

_____

3. Schreiben Sie dann das Gedicht auf ein Extrablatt. Schreiben Sie nicht Ihren Namen dazu. Hängen Sie die Gedichte in der Klasse aus.

Gedichte III

Glücksverkatert

Nach dem Sturm ist alles leiser,
und ich glaub, ich fühl mich einsam,
und ich will dir gerne schreiben,
doch ich weiß nicht, ob das ändert, wie's mir geht.
Und meine Heimat,
das bist, ist nicht so einfach,
denn egal, wie lang man bleibt,
irgendwann muss man am Ende immer gehen.

Und ich kann das nicht so gut wie du.
Und ich kann das nicht so gut.

Denn:
Immer wenn ich geh,
ist mir sofort danach zurückzufahren.
Ich lass so gut los wie ein Magnet,
ich hasse es, tschüss zu sagen.
Momente ohne Zukunft tun mir weh,
hier auf dem Rücksitz gerade denk ich:
Wird schon irgendwie ok,
ich bin nur glücksverkatert.

Heute ist so ein Tag, wo ich ans Meer will,
denn da bin ich ziemlich gerne.
Das heißt nicht, dass ich mich leer fühl –
nur halt irgendwie halb voll.
Und jedes *Danach* ist
wie 'ne Wohnung nach 'ner Party,
wie der Morgen nach dem Abend –
irgendwie halt Moll.

Und ich kann das nicht so gut wie du.
Und ich kann das nicht so gut.

Denn:
Immer wenn ich geh,
ist mir sofort danach zurückzufahren.
Ich lass so gut los wie ein Magnet,
ich hasse es, tschüss zu sagen.

Momente ohne Zukunft tun mir weh,
hier auf dem Rücksitz gerade denk ich:
Wird schon irgendwie ok,
ich bin nur glücksverkatert.

Ich hab Heimweh und Sehnsucht
nach eben und gleich,
ich bleib, wenn ich gehen muss,
will gehen, wenn ich bleib.
Ich will Freiheit und Nähe,
brauch jeden und keinen,
mir fällt Leichtigkeit schwer
und das Schwere so leicht.

Mit fällt Leichtigkeit schwer
und das Schwere so leicht.

Ich will von allem mehr!

Ich mach aus jeder kleinen Lücke
eine Villa für Giganten,
aus jeder kleinen Mücke
eine Herde Elefanten.
Und ich zieh an jedem Grashalm,
bis ein Wald aus dieser Wiese wird.
Ich häng mich an jeden Arm ran,
bis aus „Halt mich mal kurz" Liebe wird.

Immer wenn ich irgendwas erleb,
wird's kurz ernüchternd nachher.
Immer wenn ich schöne Häuser seh,
will ich den Schlüssel haben.
Die Ruhe nach dem Sturm tut mir oft weh,
wir sind so flüchtig,
gerade eben war doch alles ziemlich schön –
jetzt bin ich glücksverkatert.

Ja:
Immer wenn ich geh,
ist mir sofort danach zurückzufahren.
Ich lass so gut los wie ein Magnet,
ich hasse es, tschüss zu sagen.
Momente ohne Zukunft tun mir weh,
hier auf dem Rücksitz gerade denk ich:
Wird schon irgendwie ok,
ich bin nur glücksverkatert.

(aus: Julia Engelmann: Keine Ahnung, ob das richtig ist. München: Goldmann 2019, Seite 18ff.)

1 Lesen Sie den Titel des Gedichts. Vermuten Sie in der Klasse, was das Wort „glücksverkatert" bedeuten könnte.

2 Jeder sucht sich eine Strophe aus. Lesen Sie Ihre Strophe zuerst leise. Lesen Sie sie dann noch einmal leise gesprochen und spüren Sie den Rhythmus der Sprache.

3 Lesen Sie das Gedicht nun in der Klasse. Jede Person liest ihre Strophe.

4 Notieren Sie, worum es in dem Gedicht geht. Vergleichen Sie die Antworten in der Klasse.

_____

_____

_____

5 Erläutern Sie jetzt, wie Sie das Wort „glücksverkatert" verstehen. Begründen Sie Ihre Antwort.

_____

_____

_____

6 Suchen Sie im Internet Informationen zu Julia Engelmann. Sehen Sie sich auch Videos an. Notieren Sie Ihre Gedanken zu dieser Form von Gedichten und ihrer Präsentation.

_____

_____

_____

7 Erklären Sie, was ein Poetry Slam ist. Suchen Sie dazu Informationen im Internet.

8 Schreiben Sie ein eigenes Gedicht im Rhythmus von „Glücksverkatert" auf ein Blatt Papier. Wählen Sie ein eigenes Thema.

9 Präsentieren Sie Ihre Gedichte als Poetry Slam.

Geschichten I

Gibs auf!

Es war sehr früh am Morgen, die Straßen rein und leer, ich ging zum Bahnhof. Als ich eine Turmuhr mit meiner Uhr verglich, sah ich, daß es schon viel später war, als ich geglaubt hatte, ich mußte mich sehr beeilen, der Schrecken über diese Entdeckung ließ mich im Weg unsicher werden, ich kannte mich in dieser Stadt noch nicht sehr gut aus, glücklicherweise war ein Schutzmann in der Nähe, ich lief zu ihm und fragte ihn atemlos nach dem Weg. Er lächelte und sagte: „Von mir willst du den Weg erfahren?" „Ja", sagte ich, „da ich ihn selbst nicht finden kann." „Gibs auf, gibs auf", sagte er und wandte sich mit einem großen Schwunge ab, so wie Leute, die mit ihrem Lachen allein sein wollen.

(aus: Franz Kafka. Erzählungen aus dem Nachlass (1904–1924). Abrufbar unter: www.textlog.de/32105.html (Abruf: 15.07.2021).

> **Tipp:**
> Schutzmann ist eine alte Bezeichnung für Polizist.

1 Lesen Sie den Text. Kreuzen Sie dann die Wörter an, die Ihrem Gefühl nach zu dem Text passen. Begründen Sie Ihre Wahl.

- ◯ traurig
- ◯ lustig
- ◯ bedrückend
- ◯ albtraumhaft
- ◯ ängstlich
- ◯ wütend
- ◯ verloren
- ◯ hoffnungslos
- ◯ eifersüchtig
- ◯ gemein
- ◯ stressig

_____
_____
_____
_____

2 Lesen Sie den Text noch einmal. Kreuzen Sie an, was passt. Vergleichen Sie die Ergebnisse in der Klasse.

1. Zeile 1: Wie geht es dem Ich-Erzähler?
   - ◯ Gut. Er ist ruhig und die Welt ist in Ordnung.
   - ◯ Nicht gut. Er ist sehr gestresst.

2. Zeile 2–4: Wie geht es dem Ich-Erzähler, als er auf die Uhr sieht?
   - ◯ Er ist gestresst. Durch den Stress verläuft er sich und ist noch gestresster.
   - ◯ Er verläuft sich, aber das ist nicht schlimm, weil er genug Zeit hat.

3. Zeile 5: Was denkt der Ich-Erzähler, als er den Schutzmann sieht?
   - ◯ „Oh nein, jetzt kommt die Polizei und kontrolliert mich."
   - ◯ „Ein Glück, ein Polizist! Der kann mir bestimmt helfen."

4. Zeile 6–9: Wie reagiert der Schutzmann?
   - ◯ Ganz normal. Er reagiert so, wie man es von einem Polizisten erwartet.
   - ◯ Er tut nicht das, was der Ich-Erzähler erwartet hat. Er hilft ihm nicht, obwohl das sein Job wäre.

3 Was bedeutet das Wort Autorität? Suchen Sie es im Internet oder im Wörterbuch. Finden Sie gemeinsam in der Klasse eine Erklärung und notieren Sie sie.

_____

_____

_____

4 Diskutieren Sie in der Klasse,
- welche Personen und Institutionen in dem Text Autorität ausüben,
- welche Gefühle diese Autoritäten beim Ich-Erzähler auslösen,
- ob der Text für oder gegen die Macht von Autoritäten ist.

5 Zeichnen Sie die Situation im Text. Machen Sie unten eine Skizze.
Beachten Sie dabei, was Sie in Aufgabe 1 bis 4 erarbeitet haben. Übertragen Sie Ihre Skizze als Zeichnung auf ein großes Blatt Papier. Hängen Sie dann Sie Bilder in der Klasse aus und vergleichen Sie ihre Wirkung.

Geschichten II

Der Feierabend

Sie: Hermann ...
Er: Ja ...
Sie: Was machst du da?
Er: Nichts ...
Sie: Nichts? Wieso nichts?
Er: Ich mache nichts ...
Sie: Gar nichts?
Er: Nein ...
(Pause)
Sie: Überhaupt nichts?
Er: Nein ... ich sitze hier ...
Sie: Du sitzt da?
Er: Ja ...
Sie: Aber irgendwas machst du doch?
Er: Nein ...
(Pause)
Sie: Denkst du irgendwas?
Er: Nichts Besonderes ...
Sie: Es könnte ja nicht schaden, wenn du mal etwas spazieren gingest ...
Er: Nein – nein ...
Sie: Ich bringe dir deinen Mantel ...
Er: Nein danke ...
Sie: Aber es ist zu kalt ohne Mantel ...
Er: Ich gehe ja nicht spazieren ...
Sie: Aber eben wolltest du doch noch ...
Er: Nein, du wolltest, dass ich spazieren gehe ...
Sie: Ich? Mir ist es doch völlig egal, ob du spazieren gehst ...
Er: Gut ...
Sie: Ich meine nur, es könnte dir nicht schaden, wenn du mal spazieren gehen würdest ...
Er: Nein, schaden könnte es nicht ...
Sie: Also was willst du denn nun?
Er: Ich möchte hier sitzen ...
Sie: Du kannst einen ja wahnsinnig machen!
Er: Ach ...
Sie: Erst willst du spazieren gehen ... dann wieder nicht ... dann soll ich deinen Mantel holen ... dann wieder nicht ... was denn nun?
Er: Ich möchte hier sitzen ...
Sie: Und jetzt möchtest du plötzlich da sitzen ...
Er: Gar nicht plötzlich ... ich wollte immer nur hier sitzen ...

Sie: Sitzen?
Er: Ich möchte hier sitzen und mich entspannen ...
Sie: Wenn du dich wirklich entspannen wolltest, würdest du nicht dauernd auf mich einreden ...
Er: Ich sag ja nichts mehr ...
(Pause)
Sie: Jetzt hättest du doch mal Zeit, irgendwas zu tun, was dir Spaß macht ...
Er: Ja ...
Sie: Liest du was?
Er: Im Moment nicht ...
Sie: Dann lies doch mal was ...
Er: Nachher, nachher vielleicht ...
Sie: Hol dir doch die Illustrierten ...
Er: Ich möchte erst noch etwas hier sitzen ...
Sie: Soll ich sie dir holen?
Er: Nein – nein, vielen Dank ...
Sie: Will der Herr sich auch noch bedienen lassen, was?
Er: Nein, wirklich nicht ...
Sie: Ich renne den ganzen Tag hin und her ... Du könntest doch wohl einmal aufstehen und dir die Illustrierten holen ...
Er: Ich möchte jetzt nicht lesen ...
Sie: Mal möchtest du lesen, mal nicht ...
Er: Ich möchte einfach hier sitzen ...
Sie: Du kannst doch tun, was dir Spaß macht.
Er: Das tu ich ja!
Sie: Dann quengle doch nicht dauernd so rum ...
Er: (schweigt)
Sie: Hermann!
Er: (schweigt)
Sie: Bist du taub?
Er: Nein – nein ...
Sie: Du tust eben nicht, was dir Spaß macht ... statt dessen sitzt du da!
Er: Ich sitze hier, weil es mir Spaß macht ...
Sie: Sei doch nicht gleich so aggressiv!
Er: Ich bin doch nicht aggressiv ...
Sie: Warum schreist du mich dann so an?
Er: (schreit) ... Ich schreie dich nicht an! ...

(aus: Loriot = Victor von Bülow. Abrufbar unter: www.ecoglobe.ch/language/d/feierabe.htm (Abruf: 21.07.2021)

1 Arbeiten Sie zu zweit. Lesen Sie den Dialog leise vor.

> **Tipp:**
> Ein Gespräch zwischen zwei Personen heißt Dialog.

2 Arbeiten Sie zu zweit. Kreuzen Sie an, was passt, und notieren Sie. Vergleichen Sie dann in der Klasse und begründen Sie Ihre Antworten.

1. Was trifft auf den Mann zu? Kreuzen Sie an.
   ◯ unruhig   ◯ ruhig   ◯ passiv   ◯ aktiv

2. Was trifft auf die Frau zu? Kreuzen Sie an.
   ◯ anstrengend   ◯ liebevoll   ◯ aufdringlich   ◯ geduldig

3. Fassen Sie das Gespräch in eigenen Worten zusammen. Ergänzen Sie dazu die Sätze.

   Der Mann möchte _____

   Die Frau möchte _____

   Am Ende _____

3 Suchen Sie den Film „Der Feierabend" von Loriot im Internet. Schauen Sie ihn an. Erzählen Sie, was beim Zuschauen anders war als beim Lesen.

4 Arbeiten Sie zu zweit. Schreiben Sie einen kurzen Dialog zwischen zwei Partnern. Überlegen Sie sich ein typisches Streitthema in einer Beziehung.

_____

_____

_____

_____

_____

_____

_____

_____

5 Üben Sie das Vorlesen Ihres Textes. Denken Sie dabei an die Gefühle der Personen. Spielen Sie Ihren Dialog dann in der Klasse vor.

Geschichten III

Die Mühle im Koselbruch

Mitten im Winter geht der 14-jährige Krabat betteln. Er zieht von Dorf zu Dorf und bittet um etwas zu essen. In drei aufeinander folgenden Nächten träumt er von einer Stimme, die ihn in das Dorf Schwarzkollm ruft.

Schwarzkollm war ein Dorf wie die anderen Heidedörfer: Häuser und Scheunen in langer Zeile zu beiden Seiten der Straße, tief eingeschneit; Rauchfahnen über den Dächern, dampfende Misthaufen, Rindergebrüll. Auf dem Ententeich liefen mit lautem Gejohle die Kinder Schlittschuh.
Vergebens hielt Krabat Ausschau nach einer Mühle. Ein alter Mann, der ein Bündel Reisig trug, kam die Straße herauf: den fragte er.
„Wir haben im Dorf keine Mühle", erhielt er zur Antwort.
„Und in der Nachbarschaft?"
„Wenn du *die* meinst ..." Der Alte deutete mit dem Daumen über die Schulter. „Im Koselbruch hinten, am Schwarzen Wasser, da gibt es eine. Aber ..." Er unterbrach sich, als habe er schon zu viel gesagt.
Krabat dankte ihm für die Auskunft, er machte sich in die Richtung, die ihm der Alte gewiesen hatte. Nach wenigen Schritten zupfte ihn wer am Ärmel; als er sich umblickte, war es der Mann mit dem Reisigbündel.
„Was gibt's?", fragte Krabat.
Der Alte trat näher, sagte mit ängstlicher Miene:
„Ich möchte dich warnen, Junge. Meide den Koselbruch und die Mühle am Schwarzen Wasser, es ist nicht geheuer dort ..."
Einen Augenblick zögerte Krabat, dann ließ er den Alten stehen und ging seines Weges, zum Dorf hinaus. Es wurde rasch finster, er musste achtgeben, dass er den Pfad nicht verlor, ihn fröstelte. Wenn er den Kopf wandte, sah er dort, von woher er kam, Lichter aufschimmern: hier eines, da eines. Ob es nicht klüger war umzukehren?
„Ach was", brummte Krabat und klappte den Kragen hoch. „Bin ich ein kleiner Junge? Ansehen kostet nichts."
Krabat tappte ein Stück durch den Wald wie ein Blinder im Nebel, dann stieß er auf eine Lichtung. Als er sich anschickte, unter den Bäumen hervorzutreten, riss das Gewölk auf, der Mond kam zum Vorschein, alles war plötzlich in kaltes Licht getaucht. Jetzt sah Krabat die Mühle.
Da lag sie vor ihm, in den Schnee geduckt, dunkel, bedrohlich, ein mächtiges, böses Tier, das auf Beute lauert.
„Niemand zwingt mich dazu, dass ich hineingehe", dachte Krabat. Dann schalt er sich einen Hasenfuß, nahm seinen Mut zusammen und trat aus dem Waldesschatten ins Freie. Beherzt schritt er auf die Mühle zu, fand die Haustür verschlossen und klopfte.
Er klopfte einmal, er klopfte zweimal: nichts rührte sich drinnen. Kein Hund schlug an, keine Treppe knarrte, kein Schlüsselbund rasselte – nichts. Krabat klopfte ein drittes Mal, dass ihn die Knöchel schmerzten.
Wieder blieb alles still in der Mühle. Da drückte er probehalber die Klinke nieder: die Tür ließ sich öffnen, sie war nicht verriegelt, er trat in den Hausflur ein.
Grabesstille empfing ihn und tiefe Finsternis. Hinten jedoch, am Ende des Ganges, etwas wie ein schwacher Lichtschein. Der Schimmer von einem Schimmer bloß.
„Wo Licht ist, werden auch Leute sein", sagte sich Krabat.
Die Arme vorgestreckt, tastete er sich weiter. Das Licht drang, er sah es im Näherkommen, durch einen Spalt in der Tür, die den Gang an der Rückseite abschloss. Neugier ergriff ihn, auf Zehenspitzen schlich er sich zu der Ritze und spähte hindurch.
Sein Blick fiel in eine schwarze, vom Schein einer einzigen Kerze erhellte Kammer. Die Kerze war rot. Sie klebte auf einem Totenschädel, der lag auf dem Tisch, der die Mitte des Raumes einnahm.
Hinter dem Tisch saß ein massiger, dunkel gekleideter Mann, sehr bleich im Gesicht, wie mit Kalk bestrichen; ein schwarzes Pflaster bedeckte sein linkes Auge. Vor ihm auf dem Tisch lag ein dickes, in Leder eingebundenes Buch, das an einer Kette hing: darin las er.
Nun hob er den Kopf und starrte herüber, als habe er Krabat hinter dem Türspalt ausgemacht. Der Blick ging dem Jungen durch Mark und Bein. Das Auge begann ihm zu jucken, es tränte, das Bild in der Kammer verwischte sich. Krabat rieb sich das Auge – da merkte er, wie sich ihm eine eiskalte Hand auf die Schulter legte, von hinten, er spürte die Kälte durch Rock und Hemd hindurch. Gleichzeitig hörte er jemand mit heiserer Stimme auf Wendisch sagen: „Da bist du ja!"
Krabat zuckte zusammen, die Stimme kannte er. Als er sich umwandte, stand er dem Mann gegenüber – dem Mann mit der Augenklappe. Wie kam er auf einmal hierher? Durch die Tür war er jedenfalls nicht gekommen.

Der Mann hielt ein Kerzenlicht in der Hand. Er musterte Krabat schweigend, dann schob er das Kinn vor und sagte:
„Ich bin hier der Meister. Du kannst bei mir Lehrjunge werden, ich brauche einen. Du magst doch?"
„Ich mag", hörte Krabat sich antworten. Seine Stimme klang fremd, als gehörte sie gar nicht ihm.
„Und was soll ich dich lehren? Das Müllern – oder auch alles andere?", wollte der Meister wissen.
„Das andere auch", sagte Krabat.
Da hielt ihm der Müller die linke Hand hin.
„Schlag ein!"

(aus: Otfried Preußler: Krabat. Stuttgart: Thienemann 2016, Seite 11 ff.)

1 Lesen Sie die Geschichte auf der vorhergehenden Seite leise. Erzählen Sie dann gemeinsam in der Klasse, was passiert.

 2 Beantworten Sie die folgenden Fragen. Vermuten Sie. Begründen Sie Ihre Vermutung. Notieren Sie dazu die passende Zeile aus dem Text.

1. Was denken die Leute aus den Dörfern über die Mühle?

   _____

2. Ist der Meister überrascht, als Krabat in die Mühle kommt? Warum oder warum nicht?

   _____

3. Was meint der Meister mit der Frage: „Und was soll ich dich lehren? Das Müllern – oder auch alles andere?"

   _____

4. Warum antwortet Krabat „Das andere auch"? Weiß er, was das ist?

   _____

3 Soll Krabat einschlagen oder nicht? Bewerten Sie die Situation und begründen Sie Ihre Entscheidung.

 4 Markieren Sie Textstellen und Wörter, durch die die Geschichte spannend wird. Vergleichen Sie dann in der Klasse.

 5 Schreiben Sie die Geschichte auf einem Blatt Papier weiter. Diese Fragen helfen:
- Schlägt Krabat ein oder nicht?
- Was passiert dann?
- Gibt es noch andere Leute in der Mühle?
- Wie geht die Geschichte weiter?

Machen Sie die Geschichte spannend. Sie können dazu auch Wörter und Ideen aus dem Originaltext abschauen.

Geschichten IV

Die Geschichte von der Großmutter

s war einmal eine Frau, die Brot gebacken hatte. Sie sagte zu ihrer Tochter: „Geh und trage den warmen Brotlaib und eine Flasche Milch zu deiner Omi." So ging das kleine Mädchen los. An einer Wegkreuzung traf sie Bzou, den Werwolf, der zu ihr sagte:

„Wohin gehst du?" „Ich trage diesen warmen Brotlaib und eine Flasche Milch zu meiner Omi." „Welchen Weg wirst du gehen", sagte der Wolf, „den Nähnadelweg oder den Stecknadelweg?" „Den Nähnadelweg", sagte das kleine Mädchen. „In Ordnung, dann werde ich den Stecknadelweg gehen."Das kleine Mädchen vergnügte sich mit Nähnadelsammeln. Unterdessen war der Wolf beim Haus der Großmutter angekommen, hatte sie getötet, etwas von ihrem Fleisch in den Geschirrschrank gelegt und eine Flasche des Blutes in das Regal gestellt. Das kleine Mädchen kam an und klopfte an die Tür. „Drücke die Tür hinein", sagte der Werwolf, „sie ist mit einem Ballen nassen Strohs zugesperrt." „Guten Tag, Omi. Ich habe dir einen warmen Brotlaib gebracht und eine Flasche Milch." „Lege es in den Geschirrschrank, mein Kind. Nimm dir etwas vom Fleisch, das drinnen ist, und die Flasche Wein aus dem Regal." Nachdem sie gegessen hatte, sagte eine kleine Katze: „Pfuiii ... Ein Luder ist sie, die das Fleisch ihrer Omi ißt und ihr Blut trinkt." „Zieh dich aus, mein Kind", sagte der Werwolf, „und lege dich neben mich." „Wohin soll ich meine Schürze legen?" „Wirf sie ins Feuer, mein Kind, du wirst sie nicht mehr brauchen." Und jedesmal, wenn sie fragte, wohin sie alle ihre anderen Sachen, das Mieder, das Kleid, den Petticoat und die langen Strümpfe legen sollte, antwortete der Wolf: „Wirf sie ins Feuer, mein Kind, du wirst sie nicht mehr brauchen." Als sie sich in das Bett legte, sagte das kleine Mädchen: „Oh, Omi, wie haarig du bist!" „Um so besser kann ich mich warmhalten, mein Kind!" „Oh, Omi, was hast du für große Nägel!" „Um so besser kann ich mich damit kratzen, mein Kind!" „Oh, Omi, was hast du für breite Schultern!" „Um so besser kann ich das Feuerholz tragen, mein Kind." „Oh, Omi, was hast du für große Nasenlöcher!" „Um so besser kann ich damit meinen Tabak schnupfen, mein Kind." „Oh, Omi, was hast du für einen großen Mund!" „Um so besser kann ich dich damit fressen, mein Kind!" „Oh, Großmutter, ich muß dringend mal. Laß mich nach draußen gehen." „Mach es im Bett, mein Kind!" „O nein, Omi. Ich möchte nach draußen gehen." „In Ordnung. Aber mach es schnell." Der Werwolf befestigte eine Wollschnur an ihrem Fuß und ließ sie nach draußen gehen. Als das kleine Mädchen draußen war, band sie das Ende des Seils im Hof um einen Pflaumenbaum. Der Werwolf wurde ungeduldig und sagte: „Lockerst du gerade das Seil? Lockerst du gerade das Seil?" Als er bemerkte, daß niemand ihm antwortete, sprang er aus dem Bett und sah, daß das kleine Mädchen geflohen war. Er folgte ihr, aber er kam gerade in dem Augenblick aus ihrem Haus, als sie hineinging.

(aus: Rudolf Messner: Das Mädchen und der Wolf – über die zivilisatorische Metamorphose des Grimmschen Märchens vom Rotkäppchen. Abrufbar unter: https://kobra.uni-kassel.de/bitstream/handle/123456789/2007052218270/MessnerMaedchen.pdf;jsessionid=960BDD353D30674F196AD1B2B34F4762?sequence=1#page=7 (Abgerufen: 21.07.2021))

1 Lesen Sie das Märchen. Geben Sie dann in eigenen Worten die Handlung wieder.

2 Markieren Sie im Text Stellen, die typisch für ein Märchen sind. Vergleichen Sie dann in der Klasse.

3 Diskutieren Sie in der Klasse,
– an welches Märchen Sie der Text erinnert.
– ob es dasselbe Märchen ist oder eine andere Geschichte.

_____
_____
_____
_____
_____
_____
_____
_____
_____
_____

Märchen

> Märchen sind eigentlich mündlich erzählte Geschichten. Man kann sie auch vorlesen. Märchen haben keinen Autor, sondern sie werden von vielen Leuten immer wieder neu erzählt. Dadurch gibt es viele verschiedene Versionen von einem Märchen. „Die Geschichte von der Großmutter" ist eine Version von Rotkäppchen. Sie stammt aus dem 15. Jahrhundert (1400–1500).

4 Lesen Sie oben den Text zum Thema Märchen. Geben Sie den Inhalt in eigenen Worten wieder.

5 Erzählen Sie das Märchen in der Klasse so, wie Sie es kennen. Beantworten Sie dabei folgende Fragen:
1. Wie sieht Rotkäppchen aus?
2. Was soll sie ihrer Großmutter mitbringen?
3. Worüber spricht sie im Wald mit dem Wolf?
4. Was passiert, als sie beim Haus der Großmutter ankommt?
5. Was fragt Rotkäppchen, und was antwortet der Wolf?
6. Wie endet das Märchen?

6 Jetzt Sie. Schreiben Sie ein eigenes Märchen auf ein Blatt Papier und lesen Sie es vor.

Rückblick: Gedichte und Geschichten

Beantworten Sie die Fragen zuerst schriftlich. Erzählen Sie dann in der Klasse.

Lesen Sie gern? Warum? Warum nicht?

_____

_____

_____

_____

Was lesen Sie am liebsten?

_____

_____

_____

_____

Was mögen Sie lieber: lesen oder Filme ansehen? Begründen Sie Ihre Antwort.

_____

_____

_____

_____

Anhang

Operatoren

Arbeiten mit Operatoren

Operatoren sind Wörter, die angeben, wie man eine Aufgabe lösen soll. Es ist zum Beispiel ein Unterschied, ob man fünf Arbeitsschritte nennen oder diese beschreiben soll. Es gibt viele verschiedene Operatoren. Sie gelten an allen Schulen in Deutschland. Die wichtigsten für dieses Buch sind hier zusammengefasst.

Begründen Sie …

Hier geben Sie einen Grund oder ein Argument für oder gegen etwas an.

> **Beispiel:** Begründen Sie, warum bei Umfrageergebnissen oft Grafiken eingesetzt werden.
> „In Umfragen werden sehr viele Daten gesammelt und ausgewertet. Grafiken sind anschaulich und geben einen schnellen Überblick. Wenn ich in einer Umfrage zum Beispiel Menschen mehrerer Altersgruppen zu ihrer täglichen Internetzeit befrage, kann ich mithilfe eines Balkendiagramms schnell erkennen, wie groß die Unterschiede zwischen den Altersgruppen sind. Deswegen werden Grafiken bei Umfrageergebnissen eingesetzt."

Benennen Sie, nennen Sie, notieren Sie …

Hier sagen oder schreiben Sie nur einzelne Wörter auf, die gesucht werden.

> **Beispiel:** Nennen Sie das Thema Ihrer letzten Klassenarbeit.
> „Groß- und Kleinschreibung".

Beschreiben Sie …

Hier sagen oder schreiben Sie sachlich, wie etwas ist oder aussieht.

> **Beispiel:** Beschreiben Sie Ihren Arbeitsplatz.
> „Mein Arbeitsplatz besteht aus einem Schreibtisch. Auf dem Schreibtisch ist ein Laptop. Links in der Ecke steht eine Ablage mit Papier, daneben ist eine Tasse mit Stiften und einem Lineal. Auf der rechten Seite stehen Ordner…"

Beurteilen Sie, bewerten Sie …

Hier sagen oder schreiben Sie, ob Sie etwas gut oder nicht so gut finden.

> **Beispiel:** Beurteilen Sie das Verhalten des (schreienden, aggressiven) Chefs.
> „Ich finde das Verhalten nicht in Ordnung. Er verhält sich seinen Angestellten gegenüber nicht respektvoll und freundlich. Das sollte jeder tun, auch wenn er ein Chef ist."

Diskutieren Sie …

Beim Diskutieren mit einem Sitzpartner oder einer Sitzpartnerin nehmen Sie beide Stellung zu einem Thema und argumentieren für und gegen ein Thema.

> **Beispiel:** Diskutieren Sie den Vorschlag der Regierung, den Schulanfang auf 9 Uhr nach hinten zu verschieben.
> A: „Ich finde den Vorschlag sehr gut. Wenn ich zur zweiten Stunde komme, bin ich immer konzentrierter."
> B: „Ich finde den Vorschlag nicht gut. Er bedeutet auch, dass wir erst später Schluss haben. Nachmittags habe ich sowieso schon wenig Zeit."

Erklären Sie, erläutern Sie …

Hier beschreiben Sie einen Sachverhalt genau und geben Beispiele, damit ihn jeder versteht.

> **Beispiel:** Erklären Sie die Funktion von Smartboards.
> „Smartboards sind so ähnlich wie Tafeln, aber nicht grün, sondern weiß. Sie werden nicht mit Kreide beschrieben, sondern mit speziellen Stiften. Die Schrift lässt sich mit einem Schwamm wegwischen. Man kann auch Textverarbeitungsprogramme auf dem Smartboard aufrufen. Außerdem sind Smartboards mit dem Internet verbunden."

Formulieren Sie, formulieren Sie um …

Das bedeutet, dass Sie einen Satz oder Text in eigenen Worten ausdrücken oder umschreiben. Der Sinn wird nur verändert, wenn das so in der Aufgabe steht.

> **Beispiel:** Formulieren Sie den Satz so um, dass er im *Präsens* (Gegenwartsform) steht.
> „Ich bin in die Schule gegangen." → „Ich gehe in die Schule."

Nehmen Sie Stellung zu …

Wie beim Beurteilen sagen oder schreiben Sie Ihre Meinung zu etwas. Hier begründen Sie zusätzlich Ihre Sichtweise und es gibt meist verschiedene Sichtweisen auf das Thema.

> **Beispiel:** Nehmen Sie Stellung zu der kostenpflichtigen Abgabe von Plastiktüten in deutschen Supermärkten.
> „Ich finde es gut, dass man für Plastiktüten in Supermärkten bezahlen muss. Plastiktüten sind nicht gut für die Umwelt. Die Kunden bringen ihre Einkaufstaschen mit und verbrauchen nicht jedes Mal neue Plastiktüten."

Ordnen Sie zu, ordnen Sie ein …

Beim Zuordnen oder Einordnen gibt es zwei Seiten. Sie verbinden Punkte von beiden Seiten so, dass sie zusammenpassen.

> **Beispiel:** Ordnen Sie zu: Welches Wort beschreibt männliche Teilnehmende und welches Wort beschreibt weibliche Teilnehmende?
>
> | männliche Teilnehmende | Teilnehmerinnen |
> | weibliche Teilnehmende | Teilnehmer |

Präsentieren Sie …

Wenn Sie etwas vor der Klasse präsentieren, dann stellen Sie es vor. Oft ist es gut, dabei auch etwas zu zeigen, zum Beispiel Bilder oder eine Grafik. Mit etwas Übung sprechen Sie möglichst frei, ohne alles abzulesen.

Beispiel: Präsentieren Sie Ihre Berufswünsche vor der Klasse.
Sie stehen vor der Klasse, haben sich ein paar Notizen gemacht und ein paar Bilder mitgebracht. „Mein Berufswunsch ist Gärtnerin. Ich arbeite gerne draußen und interessiere mich für Pflanzen."

Tauschen Sie sich aus …

Wie beim Diskutieren reden Sie hier zum Beispiel mit Ihrem Sitznachbarn oder Ihrer Sitznachbarin. Sie sprechen über die Gedanken, die Sie beide zu dem Thema haben. Sie können Gemeinsamkeiten und Unterschiede feststellen.

Beispiel: Tauschen Sie sich mit Ihrem Sitznachbarn oder Ihrer Sitznachbarin über typische Gerichte verschiedener Länder aus.
A: „In Chile habe ich Empanadas kennengelernt. Das sind Teigtaschen mit unterschiedlichen Füllungen."
B: „Das klingt aber lecker! Kennst du Pastéis de Nata? Das sind Blätterteigtaschen mit Vanillepudding. Sie kommen aus Portugal."

Vergleichen Sie …

Hier schreiben Sie zu zwei oder mehr Themen oder Gegenständen Unterschiede und Gemeinsamkeiten auf.

Beispiel: Vergleichen Sie einen Kugelschreiber mit einem Bleistift.
„Mit beiden Stiften können Sie zum Beispiel auf Papier schreiben. Der Kugelschreiber schreibt in der Regel blau oder schwarz und der Bleistift grau. Der Kugelschreiber kann nicht so leicht entfernt werden, der Bleistift kann einfach wegradiert werden…"

Weitere typische Arbeitsanweisungen

- Umkreisen Sie …
- Markieren Sie …
- Streichen Sie …
- Unterstreichen Sie …
- X: Kreuzen Sie an …

Glossar

Hier werden einige wichtige Wörter und Fachbegriffe erklärt. Viele von ihnen haben mit der deutschen Grammatik zu tun.

Futur I
Das **Futur I** (Zukunft) ist eine Zeitform des Verbs. Im Futur I drücken Sie aus, was in der Zukunft passieren wird.

Beispiel: Am Wochenende werde ich einen Kuchen backen.

Grundform des Verbs (siehe Infinitiv)

Imperativ
Der **Imperativ** ist die Befehlsform. Sie können damit Bitten oder Aufforderungen und Befehle ausdrücken. Meistens verwendet man nur die Formen für du, Sie und ihr.

Beispiel: Sprich doch endlich mit ihm!

Indikativ
Der **Indikativ** ist die Normalform des Verbs. Man drückt damit Dinge aus, die in der Vergangenheit, Gegenwart und Zukunft wirklich passieren oder passiert sind. Im Gegensatz dazu drückt der Konjunktiv Dinge aus, die passieren *könnten*.

Beispiel: Wir hören gerade Musik.

Infinitiv (Grundform)
Der **Infinitiv** ist die Grundform des Verbs (Tätigkeitswort). Wenn ein Verb im Infinitiv steht, kann man also nicht erkennen, ob es in der Vergangenheit oder Zukunft steht oder zu welcher Person es gehört. In einem Wörterbuch stehen Verben immer im Infinitiv.

Beispiel: lachen

interkulturell
Interkulturell bedeutet, dass verschiedene Kulturen beteiligt sind. Es entsteht eine Beziehung zwischen den Kulturen. Sie können sich zum Beispiel über interkulturelle Unterschiede bei Begrüßungen austauschen.

Kommunikation
Wenn wir miteinander sprechen oder schreiben, wird das **Kommunikation** genannt. Die Kommunikation ist also ein Austausch mit einer oder mehreren Personen. Zur Kommunikation gehört aber nicht nur das Sprechen und Schreiben, sondern zum Beispiel auch das Verhalten, zum Beispiel Blicke, Körpersprache oder Gesichtsausdruck. Diese nicht gesprochene Kommunikation wird nonverbale Kommunikation genannt.

Konjunktiv II
Der **Konjunktiv II** (vollendete Zukunft) wird auch Möglichkeitsform genannt. Damit wird etwas ausgedrückt, was nicht real und nur vorgestellt ist. Gründe dafür können sein, dass man noch nicht weiß, ob etwas wirklich passieren wird oder weil es unmöglich oder unlogisch ist.

Beispiel: Gestern hätte ich bei gutem Wetter spazieren gehen können. Heute regnet es leider.

Perfekt
Das **Perfekt** (vollendete Gegenwart) ist eine Zeitform des Verbs. Im Perfekt drücken Sie aus, was in der Vergangenheit passiert ist. Für das Perfekt brauchen Sie immer das Hilfsverb „haben" oder „sein".

Beispiel: Letzte Nacht habe ich schlecht geträumt.

Präsens
Das **Präsens** (Gegenwart) ist eine Zeitform des Verbs. Im Präsens drücken Sie hauptsächlich aus, was in der Gegenwart passiert. Sie können aber auch allgemeine Tatsachen ausdrücken.

Beispiel: Wasser ist nass.

Präteritum
Das **Präteritum** (Vergangenheit) ist eine Zeitform des Verbs. Im Präteritum drücken Sie aus, was in der Vergangenheit passierte.

Beispiel: Gestern lag hier Schnee.

recherchieren
Wenn Sie etwas **recherchieren**, dann suchen Sie gründlich nach Informationen. Sie können zum Beispiel im Internet oder in einer Bibliothek recherchieren.

Beispiel: Recherchieren Sie, welche Parteien gerade im deutschen Bundestag sitzen.

Sachwortverzeichnis

Symbole
2-Schritt-Lesemethode 64

A
Absender 130
Akkusativ 6, 11
Aktivsatz 61
alphabetisch geordnet 54
Alternativfrage 154
Anleitung 144
Anschreiben 184
Argument 48
Ausbildung 168, 171

B
Balkendiagramm 158
Bcc 132
Begründung 48
Begrüßen 2
Begrüßungsarten 2
Bericht
• schreiben 70
• zum Arbeitsschutz 142
Berichtsheft 146
Beruf 172
Berufsausbildung 170
Berufsprofil 174
Bewerbung 182
Bewerbungsfoto 183
Bewerbungsgespräch 188, 190
Bewerbungsunterlagen 182
Brief
• beschriften und frankieren 130
• geschäftlicher 136, 138
Briefmarke 130
Bücherei 78

C
Chronologie 70
Cyber-Mobbing 109

D
Datenschutz 112
Dativ 6
Diagramm 158, 160
Diagrammarten 158
Diskriminierung 104
Diskussion 47, 48, 50, 51
Distanz 43
Distanzzone 42
Du 26
Du-Botschaft 45
duzen 26

E
Einleitung 84
E-Mail
• geschäftliche 134, 138
• schreiben 132
Emoji 18
Empfänger 130
Englisch 24
Entscheidungsfrage 154

F
Fakt 100
Fiktion 94
fiktiv 94
Flyer 162
• gestalten 164
Folgerung 48
Frage
• Alternativfrage 154
• Entscheidungsfrage 154
• Gegenfrage 155
• geschlossene 154
• Kontrollfrage 155
• offene 154
• W-Frage 66, 154, 162
Fragearten 154
Fragetest 7
Fremdsprache 25
Futur I 214

G
Gedicht 196, 198, 200
Gegenfrage 155
Gemeinsamkeiten 4
gerne 40
Geschichten 202, 204, 206, 208
Gespräch 12
• am Arbeitsplatz 30
Gesprächsformen 30
Gesprächsregeln 46
Gestik 16, 19
Gliederung 84, 88
Grundform 36
Grußformel 132

H
Handout 77, 87, 89
Hatespeech 108
Hauptteil 84
Höflichkeit 32, 35, 36
Höflichkeitsformen 27
Höflichkeitsregeln 120

I
Ich-Botschaft 45
Ich, lyrisches 196
Imperativ 214
Indikativ 36, 214
Infinitiv 36, 214
Information
• aus Büchern 78
• aus dem Internet 79
• suchen 78
Inhalt 16, 19
interkulturell 20, 214
Internetseiten zitieren 79
Intimzone 42

K
Kennenlernen 12
Kochrezept 145
Kommentar
• bewerten 106
• im Internet 106
Kommunikation 16, 20, 22, 46, 214
• auf der Arbeit 118
• interkulturell 20
Konflikt 44
Konfliktgespräch 44
Konjunktiv II 36, 38, 215
Kontrollfrage 155
Kreisdiagramm 158
Kundengespräch 124

L
Lebenslauf 186
Lerntyp 152
Lerntypen-Test 152
Lesemethode 65, 66
Lesetechnik 62

M
Meinung 100
• zu einem Thema bilden 114
Mimik 16, 19
Mindmapping 68
Missverständnis 20
Mitarbeitergespräch 126
Muttersprache 25

N
Nähe 43
Nominalstil 58, 60
nonverbal 16

P
Passivsatz 61
Perfekt 215
Präposition 10, 57
Präsens 215
Präsentation 13, 76, 88
Präteritum 215
Protokoll 148

R
real 94
Realität 94
recherchieren 215
Rechnung 140
Referat 77

S
Säulendiagramm 158
Schlagzeile 58, 60
Schluss 85
Schweigen 22
Sie 26
Sie-Botschaft 45
siezen 26
Signalwörter 72
Small Talk 28
Soziale Netzwerke 110, 112
Spam-Mails 102
Sprachen 24
Sprechen 50
Stellenanzeige 178, 180
Stichwortzettel 86

T
Tabelle 156, 160
Telefonat 120
Telefonieren 120
Telefonnotiz 122
Texte
• ordnen 72
• richtig verstehen 64
• selbst überarbeiten 74
Textsorte 93
These 48
Tortendiagramm 158

U
Umgangsformen 34

V
verbal 16
Verben 56
Verhältniswort 57
Vorgangsbeschreibung 144

W
Wechselpräposition 10
Werbung 98
W-Frage 66, 154, 162
Wirklichkeitsform 36
Wörterbuch 55, 56
Worterklärungen nachschlagen 54
Wörter nachschlagen 54, 56

Z
Zuhören 8
Zweitsprache 25

Notizen